古文明浅读

发现古老的文明，探寻逝去的记忆，掀开古代世界神秘的面纱，带你领略几千年前古代人类的风采，充分了解人类无穷的智慧和叹为观止的成就……

永恒的北非文明
古埃及文明

盛文林◎编著

北京工业大学出版社

图书在版编目（CIP）数据

永恒的北非文明：古埃及文明 / 盛文林编著. —北京：北京工业大学出版社，2014.1（2021.5 重印）
（古文明浅读）
ISBN 978-7-5639-3742-4

Ⅰ. ①永… Ⅱ. ①盛… Ⅲ. ①文化史－埃及－古代－通俗读物 Ⅳ. ①K411.203-49

中国版本图书馆 CIP 数据核字（2013）第 294984 号

永恒的北非文明——古埃及文明

编　　著：盛文林
责任编辑：陶国庆
封面设计：映象视觉
出版发行：北京工业大学出版社
　　　　　（北京市朝阳区平乐园 100 号　邮编：100124）
　　　　　010－67391722（传真）　bgdcbs@sina.com
出 版 人：郝　勇
经销单位：全国各地新华书店
承印单位：天津海德伟业印务有限公司
开　　本：787 毫米×1092 毫米　1/16
印　　张：11.5
字　　数：194 千字
版　　次：2014 年 1 月第 1 版
印　　次：2021 年 5 月第 2 次印刷
标准书号：ISBN 978-7-5639-3742-4
定　　价：28.00 元

版权所有　翻印必究
（如发现印装质量问题，请寄本社发行部调换 010－67391106）

前言

　　古埃及，四大文明古国之一，曾在人类历史上创造了十分灿烂的文明。它曾是那样的繁荣与强盛，它又是那样多灾多难。它在历史上曾经数次被异族征服，最终走向彻底的崩溃；它那曾经无比辉煌的文明痕迹也被漫漫黄沙所掩盖，被人类遗忘长达2000年之久。直到1799年，远征埃及的拿破仑推开了它的文明之门。

　　本书可以作为一名"导游"，引领你熟悉古埃及的风土人情，了解埃及人的衣食住行、王族中的内婚制，从民居弥漫到神庙里的香水……引领你走近古埃及历史上的"政治明星"，去感受世界上第一位女帝王哈特舍普苏特的强悍与魄力，去惊叹古埃及历史上最伟大的法老拉美西斯二世的非凡业绩，去欣赏埃及最后一位法老克丽奥佩特拉的绝代风华……引领你走进神秘的金字塔，为你揭示胡夫金字塔的建造之谜，为你探寻不可思议的"金字塔能"现象，为你讲述狮身人面像背后的故事……引领你接触神秘的木乃伊，给你讲述木乃伊起源的神话传说，给你介绍木乃伊的制作步骤……引领你去瞻仰庄严肃穆的太阳神庙和直指苍穹的方尖碑，去游览法老豪华奢侈的陵墓"帝王谷"和王后公主们精美绝伦的陵墓"王后谷"，让你为世界七大奇迹之一的亚历山大灯塔而惊叹……引领你欣赏辉煌灿烂的科技文艺成就，让你见识高超的医学技术和精湛的首饰加工工艺，还有最古老的纸莎草纸、使用了3400多年的象形文字、精美绝伦的壁画……最后引领你走进一个多神的世界里，去体会古埃及人的宗教信仰，认识受人尊崇的男女祭司，了解那些据说可以禳灾祈福的护身符……

　　总而言之，翻开本书，你就会开始一段充满神秘和梦幻色彩的旅途，古埃及的一切会让你眼界大开，目不暇接，惊叹不已，流连忘返。

目 录

第一章　古埃及"政治明星"　9

- 调色板上的纳尔迈 / 10
- 三世为王的女强人安克桑普提 / 14
- 新王国的奠基人图特摩斯一世 / 17
- 世界上第一位女帝王哈特舍普苏特 / 19
- "古埃及的拿破仑"图特摩斯三世 / 22
- 毁誉参半的法老埃赫那顿 / 25
- "地中海女王"娜芙蒂蒂 / 29
- 创造了埃及辉煌的塞提一世 / 32
- 最伟大的法老——拉美西斯二世 / 35
- 伟大的征服者——亚历山大 / 41
- 最后一位法老——埃及艳后克丽奥佩特拉 / 45

第二章　古埃及的统治者与军队　51

- 国家由神王统治 / 52
- 法老集政教权力于一身 / 55
- 组织严密的官吏体系 / 58

- 法律与刑罚 / 61
- 健全而威武的陆军 / 64
- 武器与装备 / 69
- 多功能水军 / 72

第三章　神奇的金字塔与神秘的木乃伊　77

- 具有创造性的梯形金字塔 / 78
- 闻名于世的吉萨三大金字塔 / 81
- 胡夫金字塔之谜 / 85
- 不可思议的"金字塔能" / 91
- 巡行于两个世界之间的太阳船 / 93
- 金字塔建筑的衰落 / 98
- 狮身人面像之谜 / 100
- 期待通过木乃伊"复活" / 105

第四章　走近古埃及的建筑　109

- 供奉太阳神的神庙 / 110
- 直指苍穹的方尖碑 / 120

- 神秘的国王谷与王后谷 / 122
- 哈特舍普苏特的祭庙 / 126
- 追忆亚历山大图书馆 / 128
- 七大奇迹之一——亚历山大灯塔 / 132

第五章　古埃及的科技和文学、艺术　135

- 与尼罗河紧密联系的农业 / 136
- 非凡的数学成就 / 139
- 突出的天文学成就 / 141
- 卓著的医学成就 / 143
- 高超的首饰加工工艺 / 146
- 最古老的纸莎草纸 / 149
- 使用了3400多年的象形文字 / 152
- 古埃及的文学 / 158
- 神话与现实混杂的历史观 / 163
- 风格独特的壁画、浮雕 / 169
- 古埃及的教育 / 175

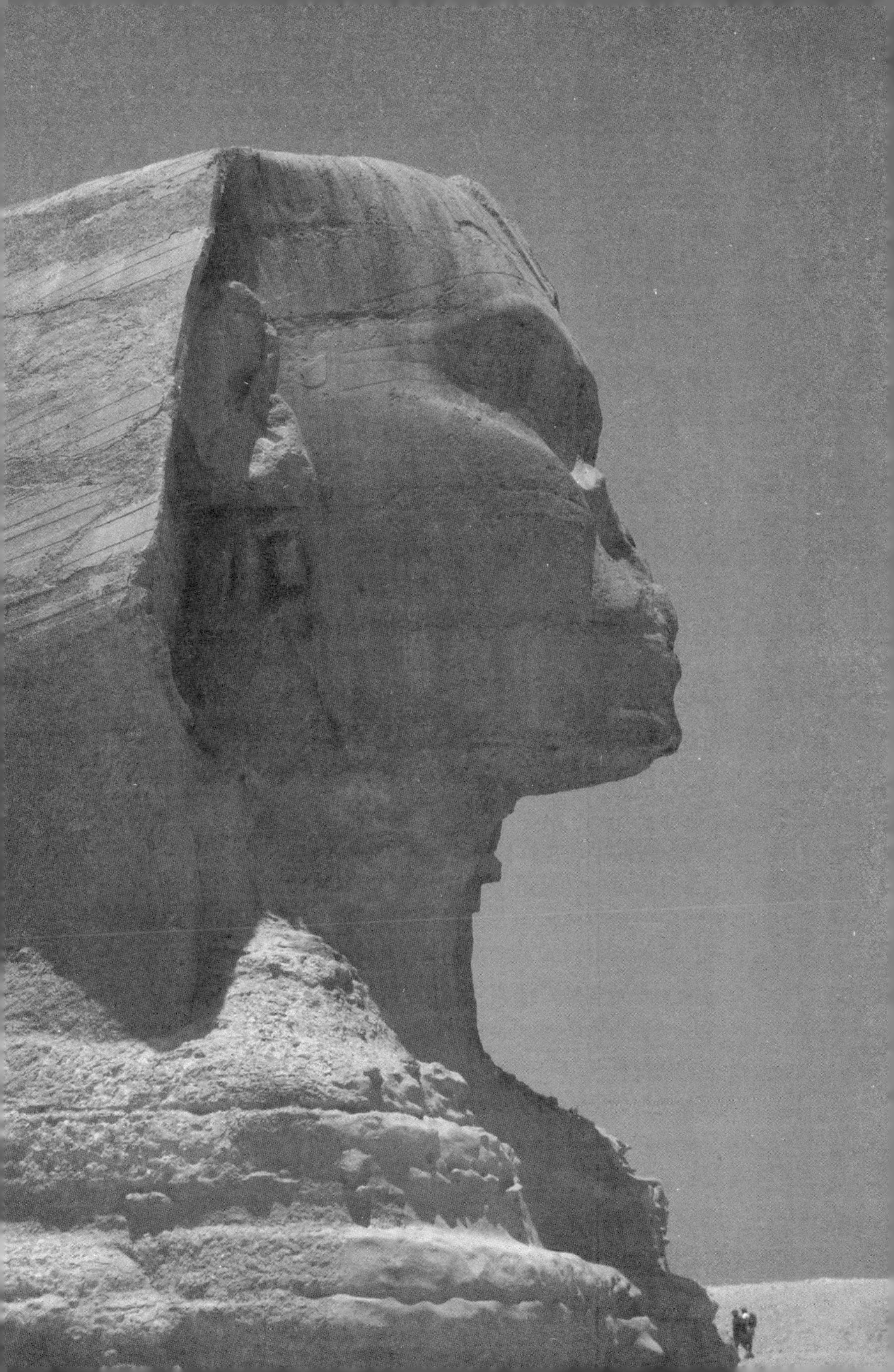

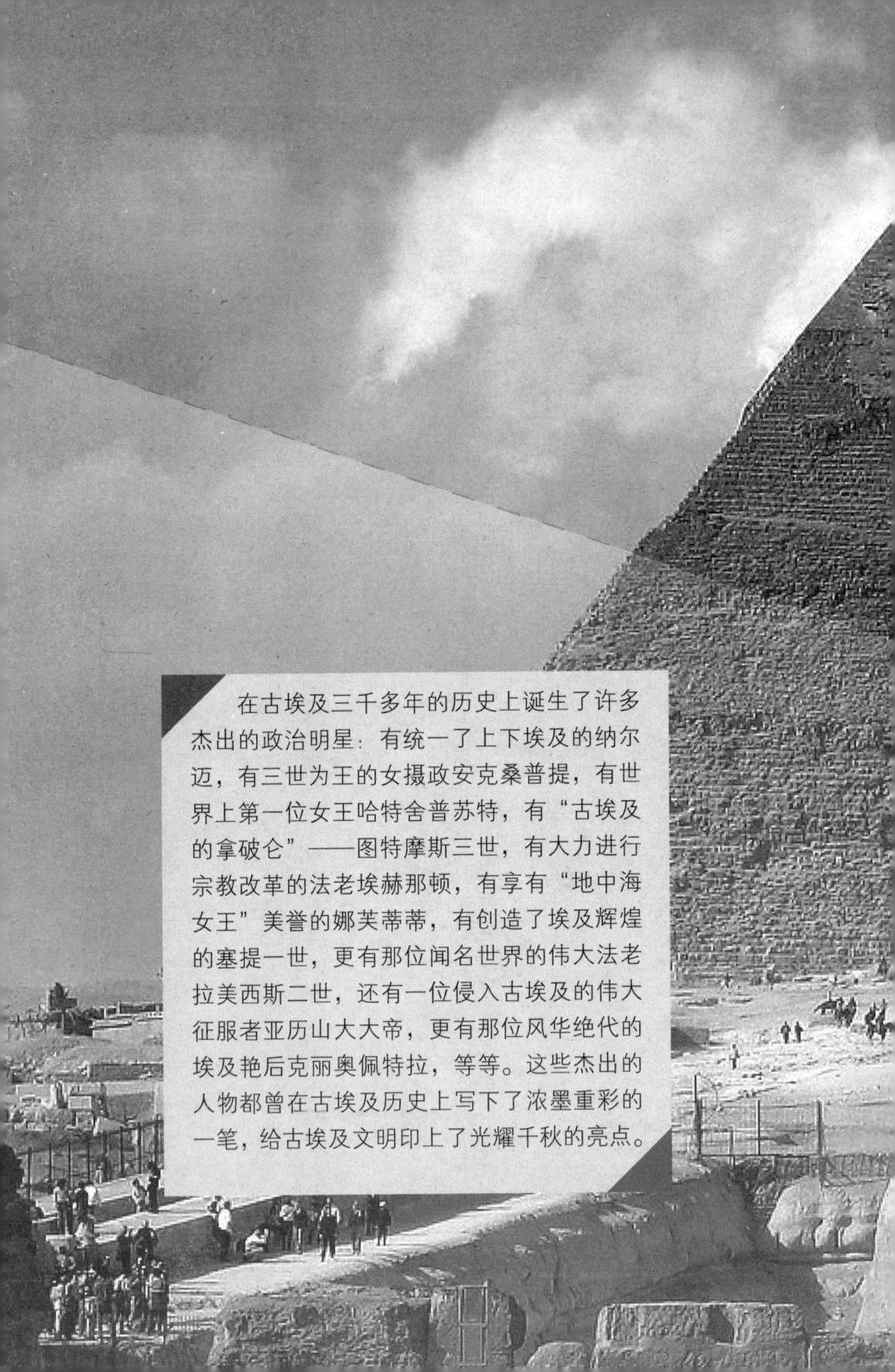

在古埃及三千多年的历史上诞生了许多杰出的政治明星：有统一了上下埃及的纳尔迈，有三世为王的女摄政安克桑普提，有世界上第一位女王哈特舍普苏特，有"古埃及的拿破仑"——图特摩斯三世，有大力进行宗教改革的法老埃赫那顿，有享有"地中海女王"美誉的娜芙蒂蒂，有创造了埃及辉煌的塞提一世，更有那位闻名世界的伟大法老拉美西斯二世，还有一位侵入古埃及的伟大征服者亚历山大大帝，更有那位风华绝代的埃及艳后克丽奥佩特拉，等等。这些杰出的人物都曾在古埃及历史上写下了浓墨重彩的一笔，给古埃及文明印上了光耀千秋的亮点。

第一章

古埃及"政治明星"

古文明浅读 永恒的北非文明——古埃及文明

调色板上的纳尔迈

大约在一万年前，古埃及居民迁至尼罗河两岸。尼罗河每年7月到11月定期的泛滥给两岸带来了肥沃的黑色土壤，人们在这块土地上辛勤地劳作，不断提高耕作技术，从而将尼罗河谷地变成了富饶的粮仓。这块肥沃的土地引来了越来越多的人，随之文字出现了。一般认为，古埃及同两河流域一样，大约于公元前3500年前后进入了文明时代。

然而当时埃及还没形成一个统一的国家，全境有十几个部落，由于信仰不同，经常征战不休。它们都有各自的名称、都城、政权、军队，实际上就是一个个独立的小王国。在长期的兼并战争中，狭长的尼罗河流域出现了北部和南部两个独立王国。北部为下埃及王朝，国王头戴红色王冠，以眼镜蛇为保护神，国徽以蜜蜂为标志。南部为上埃及王朝，国王头戴白色王冠，以鹰为保护神，国徽以白色百合花为标志。

一般认为，在公元前3100年左右，上下埃及是在纳尔迈的领导下完成了统一的。因为历史过于久远，没有留下确切的文字记载，直到有名的纳尔迈调色板被发现，这一点才基本得到确认。

1879年，英国考古学家詹姆斯·奎贝尔带领考察队来到埃及，探访尼罗河上埃及的希拉孔波利斯古城遗址。这座古城始建于公元前3100年前后，"希拉孔波利斯"意为"鹰之城"。希拉孔波利斯人很早就虔诚地信仰鹰神荷鲁斯，这座城市因此成为上埃及的鹰神崇拜中心。

詹姆斯不远万里探访希拉孔波利斯，希望能有所收获。他相信，在埃及这种遍地藏"宝"的地方，只要有足够的决心和一点点运气，是不会空手而归的。"鹰之城"果然没有让他失望，他在这里发现了纳尔迈调色板，一下子他就成了震动世界考古界的名人。

纳尔迈调色板是一块盾形石板，高63厘米，两面雕刻着纳尔迈国王统治的画面。一面，最上面一栏写着纳尔迈的名字，纳尔迈头戴上埃及的白色王冠并佩戴早期君主制度的其他标志，手持权标头准备重击跪着的战俘。战俘的头旁有一组象形文字，表明此人叫瓦师；上方的图案可能是补充说明纳尔迈国王已经打败了三角洲上的敌人，而瓦师则是敌人的首领。纳尔迈身后站着的一人，应该是他的贴身随从，拿着国王的便鞋。

另一面，中栏是用纠缠在一起的被俘的神兽，表达的是和睦共处的主题。上栏中，纳尔迈头戴下埃及的红色王冠，在两个特别的高级人物陪同下，走过去查看两个砍下首级被缚的敌人。这三个人的前面是四个打着特殊形状的旗子的人。这些旗子后来被称作"荷露斯的追随者"或"追随荷露斯的神"。无论他们的起源为何，在纳尔迈时代，他们显然是一系列象征王权的符号的组成部分。无首敌人之上的符号意义不明。下栏中，由公牛象征的国王的征服力量直接向有围墙的设防城镇进攻。

在不同的场合，纳尔迈头戴不同的红冠和白冠，这可以说明纳尔迈已经统一了上下埃及。

除纳尔迈调色板之外，表明纳尔迈统一埃及的考古发现还有：纳尔迈权标头和利比亚贡赋调色板等，这些文物同样向后人展示了这位"上下埃及王"的功业和事迹。

纳尔迈权标头雕刻着头戴红冠的纳尔迈，他手执王权象征物坐在九层台阶之上，头上有华盖，身边有侍从执伞提鞋，旁边有仪仗队。更引起后人无限猜测的是，他前方的轿子里坐着一位公主。通常认为这位公主是他在征服下埃及之后得到的新娘。

↑纳尔迈调色板

第一章 古埃及"政治明星"

古文明浅读 永恒的北非文明——古埃及文明

有史学家认为纳尔迈通过武力征服了下埃及以后，又通过联姻来巩固他的统治。这种通过联姻使自己的统治合法化的做法，在埃及历史上是经常采用的。

利比亚贡赋调色板刻着许多动物在挖掘城墙，每个城墙上都有象形文字注明城市名称。由于此调色板被认为来自利比亚，也印证了纳尔迈曾经远征利比亚的历史。

通过民间的神话传说和古希腊时期的历史学家希罗多德留下的零星记载，我们大体可以知道纳尔迈的为人和功绩。

在纳尔迈之前，他的前辈蝎王已开始了统一上下埃及的战争，不过成就不大。纳尔迈在公元前3100年前后成为上埃及国王，他发动了大规模征服下埃及的战争。战争的惨烈场景和可歌可泣的英雄事迹已经湮没在五千年的历史长河中了，但其结果却永恒地记录在历史之中，他征服了下埃及王国。两个地区信仰和习俗的差别使得纳尔迈分别在上埃及、下埃及加冕，他宣称自己是"上下埃及之王"。纳尔迈统一了上、下埃及之后，为稳固统治，他采取了较灵活的统治策略。

由于下埃及较为富裕，下埃及的人民对于纳尔迈的征服是有怨言的。纳尔迈考虑到自己刚立足，根基不稳，为了赢得下埃及人民对自己的拥戴，

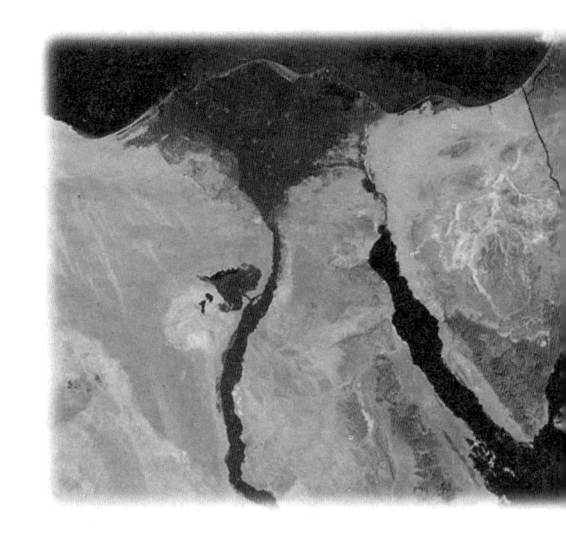

↑尼罗河三角洲的航拍特写照片

他采取了一系列的措施。他尊重当初下埃及国王的一些做法，不标榜自己代表全埃及。他戴着下埃及的王冠，以表明自己尊重那里的人民，他甚至照顾到下埃及人民的宗教感情，允许下埃及的人民信奉自己的保护神，从而赢得了百姓的拥护。他只有在上埃及，才宣称自己是上下埃及的国王。自此，继任的国王在一定的时期都沿用此王号，同时必须具有双重身份，经过两次加冕，举行两种不同的典礼。

纳尔迈还采取了一些措施来加强对下埃及的控制，最重要的就是在下埃及建立新都，将国家的政治、军事中心放在下埃及。在尼罗河三角洲（今开罗附近）创建了新都城——白城，后来改称为孟斐斯。

另外，纳尔迈针对上埃及、下埃

及地区不同的经济发展状况，在这两个地区分别设立了国库，实行各自独立的财政管理。同时，在他统治时期，上埃及、下埃及分别保留着自己的宗教中心，设立圣城。这一切说明纳尔迈在位时，埃及的统一只是初步的，不巩固的。

由纳尔迈开创的埃及第一王朝，共有8位国王，历时250年之久。到第五位国王时，埃及进入专制统治时期，社会发展开始进入兴盛时期。从此国王把土地视为自己的财产，把人民视为自己的奴仆，集行政、军事、司法权于一身。

拓展阅读

渐进理论

目前，关于埃及国家统一的问题，一个最为流行的观点是以古提克为代表的"渐进理论"。它的主要内容是，统一国家的出现是逐渐的小规模的不断的文化融合的结果，即涅伽达文化北进是统一国家出现的前提，而绝非是一个强大的政治势力对另一个政治势力的武力征服。同时它还认为，第一王朝开始之前，"法老"的形象和内在的含义以及国家的统一已经出现。

古文明浅读 永恒的北非文明——古埃及文明

三世为王的女强人安克桑普提

2000年，距埃及首都开罗不远的萨卡阿传出重磅新闻，来自法国的一支考古队在此地发现4300年前古埃及第六王朝女王安克桑普提女王的石棺。

在考古学家眼里，安克桑普提女王的墓穴重见天日的价值一点儿也不亚于1922年图特卡蒙陵墓的发现。因为在女王陵墓的石壁上发现了铭文，此前尚未发现过年代如此久远的象形文字，而且还是镌刻在一个王后的墓穴中。

随着考古学家手中毛刷一点一点地扫过石块上的浮尘，一个个象形文字越过千年的封锁映入今人眼中。这些被称为"金字塔铭文"的象形文字被镌刻在石室墓穴的四壁上，其内容是古埃及的宗教戒律和据说有魔力的咒语，目的是帮助死者在阴间顺利地穿越黑暗到达永生的彼岸。在这一次的考古发现中，考古学家还发现了记载这位埃及女王传奇一生的铭文。虽然铭文的内容比较简单，但是从中还是可以了解到这位在当时的埃及政坛呼风唤雨的女人的冰山一角。

安克桑普提女王堪称是埃及历史上第一位不折不扣的女强人。她第一次结婚嫁给普提一世，继而嫁与普提一世的侄子菲昂内一世，这次婚姻给她留下了一个儿子，这就是后来的安克桑普提二世。后来菲昂内一世死了，安克桑普提二世继位，由于他当时只有6岁，安克桑普提便顺理成章地当上了摄政王，在她从政期间，她协调各种政治关系，照顾各方面的利益，从而保证了政局的稳定。她也十分关心民众的生产生活，深受埃及人民的爱戴，在她统治时期，埃及的国力得到了进一步增强。

安克桑普提女王的传奇一生很容易使人联想到中国清朝的慈禧太后。

她三世为王的摄政经历的确与后者有相通之处。但这只是表面现象。透过那些被研碎的孔雀石颜料染上色彩的象形文字,人们看到了这样的一个人物形象:在政治上成功执政,在感情上专一的女人。

安克桑普提女王的铭文中有这样一句:"为普提一世而生。"这一方面使人们对她专一的感情产生敬佩;另一方面,人们也怀疑她的第二次婚姻很可能只是一种政治手段,其目的是为了巩固她的地位。这次婚姻为她带来一个儿子,儿子作为王位继承人又使她的地位得到进一步的巩固,从而成为这一时期的实际统治者。

当然,关于她的第二次婚姻,还有一种可能是,菲昂内一世只是普提一世的"侄子",他的正统地位也需要借助先王的正妻来巩固。不过,事情也许并没有这么复杂,在埃及王室,像此类的"母子婚"、"兄妹婚"是国家"宪法"规定必须履行的,他们这样做只是遵从制度的一种必然选择。

安克桑普提女王不会料到,她在几千年后被现代人冠以女权主义先锋的美名。在后人眼里,她是第一个在墓穴内壁铭刻上"金字塔铭文"的埃

↑ 古埃及的纸莎草画

及女王,其行为不但被后世统治者所效法,以至到了古埃及王国的衰落期,连普通人都可以在棺材里刻上这种求得永生的铭文。于是就有考古学家调侃地说:"这位女王使'永生'最大限度地民主化了。"

在安克桑普提女王墓室的铭文中,可以看到女王对永生的热切渴求。其中一段文字记录了她在尼罗河岸边的一处田里播种谷物,这是生命复活的象征,直接关系到永生这一庄重而神秘的问题。她的墓室铭文中还有这么

第一章 古埃及「政治明星」

古文明浅读 永恒的北非文明——古埃及文明

一段:"尊名永垂不朽,长存于世。"4300年之后,考古学家利用手中的工具让她再次"复活",仿佛真是咒语发挥了魔力。这位三世为王的女强人,在苦苦等待了几千年后,竟然以这种方式获得了"重生",不过,从此她会"永生"在人类的记忆里。

拓展阅读

内婚制

内婚制又称血缘婚、族内婚,是一种在一定血缘或等级范围内选择配偶的婚姻制度,产生于旧石器时代中晚期。在阶级社会里,内婚制有各种不同的内容,其通婚范围除与血缘有关之外,也和民族、宗教、等级、阶级等有关。印度的种姓等级制度,严格规定种姓内婚,允许两个上等种姓(婆罗门、刹帝利)从两个下等种姓(吠舍、首陀罗)娶妻,但禁止下等种姓从上等种姓娶妻。在某些社会中,贵族、平民与奴隶各自实行内婚。古代罗马禁止贵族与平民通婚。古埃及和古印加王室不得与其他贵族结婚,只在近亲内寻求配偶,甚至由兄弟与姊妹结为夫妻。古代日本的法律明文规定阶级内婚,因而皇室只在近亲内通婚。

新王国的奠基人图特摩斯一世

图特摩斯一世是古埃及新王国时期第18王朝的第三位法老,是新王国走向鼎盛的真正奠基人。

这位法老不是王室血统出身,他可能是底比斯一个贵族的远房亲戚,他的母亲也仅仅是在他登上王位后才得到了"国王的母亲"的称号,而没有其他的头衔。他有可能娶了前任法老阿蒙霍特普一世国王的姊妹,阿蒙霍特普一世去世后没有子嗣,图特摩斯便成为王位的继承人。

图特摩斯一世继位后积极开展了对外征伐战争,他征服了努比亚(埃及尼罗河第一瀑布阿斯旺与苏丹第四瀑布库赖迈之间的地区,从古至今努比亚一直是被算成地中海地区的埃及与黑色非洲之间的连接地)地区,势力达到了尼罗河第三瀑布,俘虏了努比亚的首领,把他吊在船上返回底比斯。他在尼罗河沿岸构筑防御工事,修建了第三瀑布的托姆波斯岛上的堡垒。疏通了第一瀑布上的运河,保障军事运输。

图特摩斯一世对东部边境的征服也取得了辉煌的战绩,他的军队远征到叙利亚地区,进而到达了美索不达米亚东北的幼发拉底河流域的纳哈林。为了纪念这次远征的胜利,图特摩斯一世在那里竖立了一块石碑,自夸将埃及的国土扩大到了太阳所能照亮的地方。

对外战争的巨大胜利,使图特摩斯一世更加感谢太阳神阿蒙的庇佑,他继续扩建著名的卡纳克神庙中的阿蒙神庙,使这座神庙成为整个卡纳克神庙的主体部分。在著名的古埃及建筑师伊涅尼的监造下,阿蒙神庙增加了一个小柱厅和庭院,柱厅全部用杉木圆柱筑成,并加上了铜合金的门。同时还建造了第四和第五两座塔门,

第一章 古埃及「政治明星」

古文明浅读 —— 永恒的北非文明——古埃及文明

塔门的旗杆上装饰上金银合金的尖头，放射出耀眼的光芒。他还竖立了卡纳克神庙最早的两座方尖碑，其中一座已经倒掉了，而另一座屹立至今。

这时建造金字塔作为陵墓的做法已经被放弃了，图特摩斯一世在古埃及历史上另一个重大建筑就是开创了古埃及著名的"国王谷"陵墓建设。他的建筑师伊涅尼在西底比斯的毕班·穆拉克，可以俯瞰底比斯城的悬崖隐蔽处，为图特摩斯一世开凿了岩窟墓。此后，古埃及第18王朝和第19王朝、第20王朝的法老都追随他葬身在这片"国王谷"之中。但是这个秘密陵墓群最终被暴露，第21王朝的僧侣们不得不把他们的先王，包括图特摩斯一世在内的多位法老重新安置在与国王谷一山之隔的戴尔巴哈里的隐藏处。

图特摩斯一世与阿赫摩斯王后生有尼斐勒凯布和哈特舍普苏特两个女儿，其中哈特舍普苏特是古埃及历史上最著名的一代女王；另外还生有瓦吉摩斯和阿蒙摩斯两个儿子，但是这两人都过早离世，最终坐上王位宝座的是并非嫡出的图特摩斯二世。

你知道吗

埃及第18王朝

埃及第18王朝，是古埃及新王国时期的第一个王朝，也是古埃及历史上最强盛的王朝，其所处的时间大致是前16世纪至前13世纪（约前1575年—约前1308年）。由阿赫摩斯继位开始，到哈伦海布死后传位给拉美西斯一世结束，共经历了近300年和14位法老。在古埃及历史中，该王朝是延续时间最长、版图最大、国力最鼎盛的一个朝代。

世界上第一位女帝王哈特舍普苏特

哈特舍普苏特是第18王朝的法老图特摩斯一世的女儿。哈特舍普苏特14岁时，图特摩斯一世逝世，她的同父异母兄弟图特摩斯二世继承王位，她嫁给了图特摩斯二世。古埃及的权力是靠王族内部通婚而保持下来的。王室中亲兄妹结婚是司空见惯的事。图特摩斯二世不是传统的皇室血统，所以，他娶同父异母的姐姐哈特舍普苏特来确定真正的统治地位。他在位八年后去世，他与另一个妻子生下的儿子图特摩斯三世继承王位。由于图特摩斯三世年纪太小，无法执政，所以需要一位辅政者。此时，作为继母的哈特舍普苏特抓住机会，成为摄政王。

哈特舍普苏特是一位高明的摄政王，命运和家族使她登上了这个高位，但她获得成功则全凭自己的智慧，正是她特有的女性气质，改变了埃及的统治方式。

↑ 哈特舍普苏特雕像

多年以来，哈特舍普苏特耳闻目睹她父亲的铁腕统治、后宫之争，以及对军队和神庙的控制，她深谙权术。她清楚自己的出身地位就是最有利的

第一章 古埃及「政治明星」

古文明浅读

永恒的北非文明——古埃及文明

武器，她利用和图特摩斯一世的血缘关系，更以神的名义导演了一出精彩的宫廷政变。在"垂帘听政"的第二年，她就迫不及待地宣布自己为王，僭取了国王的标志、徽章，甚至身着男装、脸带假胡须，把自己打扮成男性，像她敬戴的父亲图特摩斯一世那样统治着全埃及。在图特摩斯三世的第七年，她又为自己封上了"荷鲁斯女神，上下埃及之王，太阳神之女"头衔，并且宣称自己的王位是图特摩斯一世授予的，从而成为世界上有史可考的第一位女王。

在当时，只有极少数人见过她的真面目，绝大多数人是从她的雕像得知她的长相的。她的雕像经常是以男性的面目出现，而且有着长长的胡须。她命令匠人在卡纳克神庙的墙壁上刻了一系列的浮雕，讲述太阳神是如何化身成他的父亲——图特摩斯一世，来到人间与她母亲结合，孕育了她。这样，她就成了神的后裔，受到神的佑护。古埃及是一个政教一体的国家，古埃及人深信法老的权力和国家的福祉都是拜阿蒙神所赐。哈特舍普苏特成功地处理了与势力强大的卡纳克神庙祭司间的关系。

在经济管理方面，哈特舍普苏特非常重视对外贸易。她对埃及已有的海外贸易通道加强了管理和疏通，为了给埃及商人寻找新的商品市场，甚至还组织了一支海外探险队前往非洲的东海岸进行探险活动。很早以前，埃及人就曾涉险远行去寻找香料，终于在阿拉伯半岛的南部沿海和南非地区找到了芳香树胶——乳香。历代法老都曾频繁地向这个地区派出探险队，专门从事乳香的输入。哈特舍普苏特也不例外，作为一名女性国王，她更加渴望发展香料贸易和探寻新的香料产地。她派遣舰队沿着古埃及的苏伊士运河航行，终于从庞特带回整棵的乳香树。可惜乳香树在埃及的土地上未能成活。除了乳香，他们还从庞特带回了象牙、木材、黄金、绿松石等物。

哈特舍普苏特还不遗余力地大兴土木，在卡纳克的阿蒙神庙中建筑一座大礼拜堂，围绕它的是许多附属的房间，并且在其附近竖立了两座埃及历史上最高的方尖碑，它高29.5米，重323吨。哈特舍普苏特留下的最杰出的不朽建筑物，就是位于戴尔巴哈里的她的葬祭庙。葬祭庙与她在国王谷中的陵墓仅一山之隔，坐落于陡峭的山麓之下，依山而筑，形成三个台阶的柱廊式建筑，气势磅礴，风格独特。

另外值得一提的是，据说这位女法老的身世还与《圣经》有关，因为她是犹太人先知摩西的养母。大约在公元前1900年，犹太民族因遭旱灾去埃及避难，在埃及定居了将近400多年，由于人口逐渐增多，让法老担心自身的权力和地位受到威胁。为了减少犹太人口，公元前1525年，阿蒙霍特普一世下令杀害所有的犹太男婴。先知摩西出生后被母亲放在篮中，丢弃在尼罗河中漂流，恰巧被在河中洗澡的哈特舍普苏特公主发现并收养。从此，摩西在宫中长大，他英俊能干，满腹学问，深得哈特舍普苏特的宠爱。

哈特舍普苏特女王去世后，摩西失去了靠山，他杀死一位欺负犹太人的埃及人而逃亡西奈。后来，他带领以色列百姓出埃及，在旷野漂泊40年，最终使犹太人返回了迦南地。

图特摩斯三世对侵占自己王位20多年的继母一直心怀怨恨。哈特舍普苏特去世后，图特摩斯三世掌握大权，他毁掉了所有与哈特舍普苏特有关的东西。神庙中她的塑像和浮雕被毁于一旦。刻在卡纳克神庙墙壁上的她的名字和模样被刻意地凿平，这样做似乎想洗去人们对她的记忆。

后来，竟然有人将哈特舍普苏特的名字从历代法老的名册中删除了。

哈特舍普苏特在位的二十余年是埃及历史上最好的年景之一。冲破了性别限制的哈特舍普苏特不愿表现出女性特质，但在唱给法老的赞歌中，哈特舍普苏特被称为"妇女保护神"。

拓展阅读

乳香

乳香主产于北埃塞俄比亚、索马里以及南阿拉伯半岛，是干燥胶树脂，多呈小形乳头状、泪滴状颗粒或不规则的小块，长0.5~3厘米，有时粘连成团块，淡黄色，常带轻微的绿色、蓝色或棕红色，呈半透明状。其表面有一层类似白色的粉尘，除去粉尘后，表面仍无光泽。其质坚脆，断面蜡样，无光泽，亦有少数呈玻璃样光泽；气微芳香，味微苦。其遇热则变软，烧之微有香气（但不应有松香气），冒黑烟，并遗留黑色残渣。与少量水共研，能形成白色乳状液。以淡黄色、颗粒状、半透明、无砂石树皮杂质、粉末粘手、气芳香者为佳。

"古埃及的拿破仑"图特摩斯三世

在古埃及的 31 个王朝中,新王国的第 18 王朝是延续时间最长、版图最大、国力最鼎盛的一个朝代,而图特摩斯三世则是这个王朝的集大成者。通常认为,是图特摩斯三世使埃及完成了从一个地域性王国向洲际大帝国的质变。

↑图特摩斯三世雕像

在从中王国向新王国过渡的第二中间期中,埃及遭受到希克索斯人的入侵,陷入四分五裂的状态。第 18 王朝的创建者阿赫摩斯一世领导了驱逐希克索斯人的战争。在共同战斗的过程中,埃及重归统一,并在尚武精神的激励下,将这场民族解放运动发展成大规模的对外扩张。从阿赫摩斯一世开始,历经阿蒙霍特普一世、图特摩斯一世的不断征战,埃及的兵锋南达尼罗河第三瀑布,北指叙利亚北部、幼发拉底河上游。

图特摩斯三世的父亲图特摩斯二世是一个短命的法老,他没有留下多少业绩,却留下了一个能干的妻子——哈特舍普苏特,她把持朝政 20 多年。图特摩斯三世是图特摩斯二世同次妃伊西斯的结晶,他从小生活在哈特舍普苏特的阴影中,在对继母恐惧、敌视而又带有几分崇拜的复杂心境中逐渐长大成人。

哈特舍普苏特死后，年已32岁的图特摩斯三世终于得以亲政。虽然从长期的郁郁不得志中解脱出来，享受到了掌握权柄的快感，但他初期面临的形势还是很严峻的，国内新旧政权交替之际政局不稳，而叙利亚南部的卡迭什王国正企图组织反埃及同盟。图特摩斯三世在稳定了国内局势之后，立马发动了他执政后的第一次战争，进军叙利亚和巴勒斯坦。他在军事会议上力排众议，冒险越过一条峡谷，突然出现在敌方大本营美吉多城下，迫使卡迭什王国投降。这个强大的反埃及同盟也就烟消云散了。

初战的完美胜利大大刺激了图特摩斯三世的野心，何况他血脉中还流淌着祖宗留下的不安分的因素。他执政期间对外扩张的重点是西亚叙利亚的诸城邦。在首战告捷之后，图特摩斯又花了近20年的时间反复多次征讨，才最终确立了对叙利亚的统治。

图特摩斯三世对叙利亚的征服严重刺痛了西亚大国米坦尼，强强相碰终不能免。米坦尼王国的悲哀在于它

的对手是杰出的军事家图特摩斯三世。双方之间的数次大战，埃及都取得了压倒性优势，其中公元前1472年图特

↑站在鹰神荷鲁斯面前的图特摩斯三世

摩斯三世还一度渡过幼发拉底河追击对手。最后米坦尼王国屈服，并成为埃及的盟友。这使整个西亚地区大为震动，亚述和巴比伦都同埃及修好，巴比伦还将一位公主嫁给图特摩斯三世为妃。两个历史最久远的文明中心第一次以联姻的形式相结合。

随着图特摩斯三世的威名远播，越来越多的小国向他称臣纳贡。他的舰队同样所向无敌，东地中海成了他的势力范围，爱琴海诸岛、克里特岛、塞浦路斯岛都在他的海上帝国版图之中。

向北扩展是图特摩斯二世的战略重点，但他也没有忘记埃及以南的热

第一章 古埃及 『政治明星』

土，尽管这些地区的文明程度稍逊一筹。埃及南方的边界在图特摩斯三世时代被推进到尼罗河第四瀑布（今埃塞俄比亚境内）。

为了巩固对新征服地区的统治，图特摩斯三世在西亚驻扎精悍的军队，并派驻总督进行治理，同时利用当地土著王公进行统治。每征服一国，他便将其王公的子弟带到埃及，一方面作为人质，另一方面让他们接受埃及的教育，培养对埃及的感情。这一招后来为世界各地的征服者所惯用。

晚年的图特摩斯三世逐渐倾心于享受富贵尊荣。他让其子阿蒙霍特普二世成为他的共治者。图特摩斯三世去世之后，王朝前三个继承者继续保持了埃及军事上的强势，但只限于巩固祖先留下来的成果，而鲜有扩展。或许图特摩斯三世所征服的土地，在他那个时代的生产力和交通状况下已是极限。

图特摩斯三世因他的征服而被誉为"第一个建立了一个具有真正意义的帝国的人，也是第一位世界英雄"、"古埃及的拿破仑"。先进的中东诸文明第一次被如此紧密地联系在一起。

拓展阅读

幼发拉底河

幼发拉底河是西南亚最大河流，全长约2800千米。它与位于其东面的底格里斯河共同界定美索不达米亚。源于土耳其东部安纳托利亚高原的内托罗斯山脉。源头称卡拉苏河，西流至班克以北汇合木拉特河后，始称幼发拉底河。它是从苏美尔到阿拔斯时代美索不达米亚南部古老文化的发祥地。公元前1000年初期，该河流域分别为南部的巴比伦人、中部的阿拉米人和北部的赫梯人所据。阿拉米地区后来成为亚述帝国的一部分。

毁誉参半的法老埃赫那顿

埃赫那顿（历史学家也称阿蒙霍特普四世）是阿蒙霍特普三世和蒂伊皇后所生的儿子，他诞生时正值新王朝处于鼎盛时期，那时埃及的势力范围远远超越了它的边界。

根据同时代人的描述，埃赫那顿的身体与众不同——他有一张长脸，带着蛇的表情；脑袋像圆圆的卵，后脑勺异常地向后伸；颅腔的容量非常大，相当于普通人的一倍半；此外，他还有蜘蛛爪一样的手指、鸭蹼一样的脚掌和女人一样丰满的胸部、肥大的臀部。他的怪异相貌仿佛暗示了他行事的不合常规。早在公元前16世纪中叶，新王国的创始人图特摩斯一世把埃及从来自亚洲的入侵者手中解放了出来，从而开创了空前繁盛的新王国基业。到图特摩斯三世建立了一个有着无与伦比的威望和权势的帝国。

为了纪念这些祖先和感谢太阳神

↑ 埃赫那顿

的赐予，新王国君主把首都底比斯作为他们祖先的发源地和宗教中心。埃及人信仰的神很多，而两个太阳神"拉"和"阿蒙"有时甚至被视为一体，即阿蒙·拉神，在埃及人的信仰中更是地位崇高，成为创造世界的最

第一章 古埃及「政治明星」

古文明浅读 永恒的北非文明——古埃及文明

高神灵。信仰的神多，供奉祭祀众神的庙宇自然也多。古埃及的神庙遍布全国，其中最大的神庙就是底比斯的阿蒙神庙，其主殿总面积竟达5000平方米。

为了大规模修建各种神庙，统治者在大肆搜刮人民的同时向外扩张，获取战利品，筹集了大量的人力、物力和财力。希克索斯人被古埃及人赶走后，埃及王朝的统治者对外用武力征服和掠夺的活动更加频繁。他们每次打了胜仗回来，都会带来数量巨大的奴隶、牲畜和其他财物。为了感谢阿蒙神的"恩赐"，他们把这些战利品用于修建阿蒙神庙，并慷慨地奉献给阿蒙神庙。

长此以往，阿蒙神庙的财富数量越来越多，阿蒙神的地位渐渐地超过了拉神，被奉为埃及的最高神。随之阿蒙祭司的地位也慢慢地超过了王室贵族，他们掌管的太阳神庙控制着当地的经济脉搏，税赋和捐献源源不断地注入这些庙宇的资产中。这些上帝的粮仓装满了全国上缴的粮食。太阳神庙的祭司把自己的商队派到外国，他们还控制着在家中做义工的劳动大军。他们经常假借神的意旨干涉王位继承和国家政治，有时甚至联合地方世袭贵族发动叛乱，对抗以法老为首的中央政权。阿蒙祭司集团对法老的王权构成了严重的威胁。

在这种形势下，埃赫那顿成为埃及法老。为了削弱阿蒙祭司的地位，他上任后就迫不及待地开始了宗教改革。他宣布只允许信奉宇宙间唯一的太阳神——阿顿，对埃及其他主要神灵的信仰一概取消，他认为一切生命都是由这位太阳神阿顿所赋予的。接着他封闭了阿

→ 阿蒙神庙遗迹

蒙神庙，没收了庙产，清除了所有公共场所和神庙墙壁上的阿蒙字样。

埃赫那顿原来的名字阿蒙霍特普，意思是"阿蒙的满意者"，现在他给自己起了一个新名字——埃赫那顿（意思为"阿顿的光辉"）。这个名字的含义充分表明了他对新的神灵的崇拜。和他的先辈一样，他想恢复埃及国王至高无上的地位。

为了彻底同阿蒙神祭司集团决裂，埃赫那顿把国家的首都从底比斯迁到了其北面300千米的赫利奥波利斯附近，在那里他建造了一座新的都城，取名为埃赫塔顿，意为"阿顿的世界"。

在埃赫那顿授意下编写的《阿顿颂诗》当中，这位国王宣布阿顿神是宇宙间唯一能作为大地与苍天沟通的媒介。书中写道："你创造了人类，虽然我们还不知道你是怎样造出来的。天地间唯一的主宰，你是独一无二的造物主。你创造出了大地所需的一切……你是我心中完美的主。世界上没有别人知道，是你挽救了你的儿子埃赫那顿，你让他拥有足够的才智来行使他的权力。"

他还修建了富丽堂皇、规模宏大的阿顿神庙，并下令在国家的其他地区也要建立阿顿神庙。为了向他心中的太阳神表达崇敬，在新建的阿顿神庙里，埃赫那顿把这位神的形象表现为光辉普照的一轮红日。庙宇的院子里设有许多祭坛，这些神庙的四周墙上刻满了色彩鲜艳的埃赫那顿、娜芙蒂蒂以及他们的女儿们的雕像，这样他们就能与阿顿神直接交流。太阳的光芒从上至下照耀着这些雕像，表示神的手伸向了这位帝王。

这样一来，原来的阿蒙祭司们害怕了，迫于无奈，有不少僧侣参加了敬奉阿顿神的仪式。

尽管埃赫那顿耗费了极大的精力进行宗教改革，但他所倡导的信奉阿顿神

趣味点击

埃赫那顿是外星人后裔吗

学者对第18王朝的法老埃赫那顿的遗骨进行研究，发现他身上有很多令人难以理解的"突变"，而这些突变导致他的身体出现很多与地球人不同之处。一位飞碟探索者认为，古埃及人崇拜天狼星，而正是来自天狼星的外星人的生殖试验，导致了埃赫那顿的身体产生突变。当然，外星人不会与地球居民发生关系，他们很可能采取"人工授精"的方式，将自己的遗传物质注入地球女性居民的生殖细胞内，就像现代科学家进行人与动物的交叉生殖试验一样。

的主张并没有深入埃及人的心中。埃赫那顿死后，新继位的法老在阿蒙祭司和大贵族的压力下，被迫与阿蒙祭司妥协，终止了宗教改革，重新恢复了对阿蒙神的崇拜，归还了阿蒙神庙被没收的财产，并赠予神庙大量新财产，同时又把首都迁回底比斯，将与阿顿神有关的一切痕迹全部抹去。原先人们所崇拜的阿蒙和其他神灵又重新出现在他的继承人的庙宇和坟墓上。作为对埃赫那顿不敬阿蒙神的惩罚，后来的编年史作者甚至把埃赫那顿从埃及国王的名单中删除掉，在论述到他当政的岁月时把那段时间称为"那个该诅咒的人"在位时或称"叛逆时代"。

在埃及法老中没有谁比埃赫那顿更有争议的了。既有许多赞扬他的人，也有许多批判他的人。他究竟是个疯子还是一个梦想家？是一位圣徒还是一位暴君？关于他的一切，都会引起人们的争论。

"地中海女王"娜芙蒂蒂

1912年12月6日中午，德国的考古学家路德维希·博哈特在埃及离卢克索不远的荒漠进行挖掘时，无意中发现一个"人体肤色的脖颈"露出地面，经小心清除积沙后，那是一个头朝下的"女子"头像，用天然石灰石雕成。3000多年过去了，除了些微损毁，其色泽如初。

据专家考证，此头像雕刻的是古埃及第18王朝娜芙蒂蒂王后，并且是由当时技艺高超的雕刻师按她本人的头像原貌雕成的，栩栩如生。

1923年，娜芙蒂蒂雕像在柏林博物馆展出时，立即震动全世界。第二次世界大战爆发后，此雕像神秘失踪，不知去向。

1945年4月，一名美国士兵在德国法兰克福以北一盐矿巡逻时，一个神秘的东方女人告诉他：矿中藏有黄金！将信将疑的美国士兵们进入640米深的矿穴，才发现这是德国纳粹分子秘密收藏抢来的金银珠宝和珍贵文物的藏宝库。他们从中取出数千箱宝

↑娜芙蒂蒂雕像

第一章 古埃及『政治明星』

古文明浅读 永恒的北非文明——古埃及文明

藏，其中有一个箱子就装着娜芙蒂蒂王后的雕像。

考古专家称，这个雕像的价值不亚于100箱金银财宝。1956年，劫后余生的娜芙蒂蒂王后头像被安置在西柏林新建的博物馆中，在防弹防爆玻璃柜中受到极严密的保护。

一尊雕像何以抵得上100箱珠宝？要明白这一点，得先弄清娜芙蒂蒂究竟是何人。

据说，娜芙蒂蒂是来自亚洲古国米坦尼的一位公主，原名塔多克巴。当时，埃赫那顿的父亲阿蒙霍特普三世喜好美色，经常要求埃及的属国向他贡献美女。各小国不敢不从，纷纷献上国内的绝色美女以博取他的欢心。塔多克巴就是众多美女中的一个。她很可能只是一个民间女子，由于米坦尼国王要将她送给埃及法老，所以封她为公主。

塔多克巴的美艳和聪慧一下子就俘虏了阿蒙霍特普三世的心，他对她宠爱有加，并给她取了一个埃及名字，叫"娜芙蒂蒂"，意思是"美人来了"。人如其名，娜芙蒂蒂每到一处总会引起轰动，人们为了一睹她的芳容，总是将路围得水泄不通。

阿蒙霍特普三世逝世之后，娜芙蒂蒂作为先王的遗产被阿蒙霍特普四世即埃赫那顿法老"继承"。埃赫那顿也被她征服了，让她做了贵妃，封为"幸福夫人"。从这个封号不难看出，美艳聪慧的女人娜芙蒂蒂给他带来多少甜蜜和幸福。

娜芙蒂蒂绝不是一个花瓶式的女子，她聪慧好学，很快成为埃赫那顿执政过程中的得力助手，经常为他出谋划策。正是在她的大力支持下，埃赫那顿的宗教改革和迁都计划才得以一步步地进行。埃赫那顿非常迷恋娜芙蒂蒂，他下令建造的许多建筑物墙壁上都绘有歌颂娜芙蒂蒂的图画和诗歌。

娜芙蒂蒂以她独特的魅力，对埃及第18王朝的政治和宗教产生重大的影响，有时盖过法老，她甚至跟法老平起平坐，并且接受子民们的顶礼膜拜。以至于埃及人民尊称她为"尼罗河的统治者"、"真主之女"、"地中海女王"。

娜芙蒂蒂一生育有六女，但无男孩。埃赫那顿去世后，斯门卡拉继承了王位，只当了三年法老，在25岁时离奇地死去。他的身份很模糊，可能是埃赫那顿的弟弟。斯门卡拉死后，娜芙蒂蒂辅佐当时可能只有9岁的新王图特卡蒙继位。图特卡蒙的身世是一个谜，据说他是斯门卡拉的弟弟，但也有人认为他是埃赫那顿的儿子。娜芙蒂蒂将自己的三女儿嫁给图特卡蒙。

由于图特卡蒙年幼，所以娜芙蒂蒂摄政数年。随着图特卡蒙一天天长大，这个年轻精干、想有所作为的法

↑娜芙蒂蒂浮雕

卡蒙法老18岁那年，精心策划，令其死得莫名其妙，不明不白，使得臣民们无话可说。为了防止后人发现她害死图特卡蒙夺权的阴谋，她下令巫师在图特卡蒙的墓室里下了可怕的咒语："谁要是打扰了法老的安宁，死亡之翼将会降临到他的头上！"这个可怕的咒语因为出奇地"灵验"，所以举世皆知。

当然，说娜芙蒂蒂谋杀了图特卡蒙，这只是一种说法罢了。这样说不会对她造成多大的坏影响，毕竟她在位时取得的政绩是突出的。

老，对娜芙蒂蒂的权力构成了威胁。她担心失去手中的权柄，于是在图特

拓展阅读

颠沛流离的"娜芙蒂蒂"

1912年，德国考古学家路德维希·博哈特发现"娜芙蒂蒂"塑像。次年，该塑像被运到德国，保存在詹姆斯·西蒙的别墅里。1920年7月，西蒙将宝物献给了普鲁士皇家艺术博物馆。第二次世界大战期间，这件宝物被存放在法兰克福的帝国银行的保险柜中；1941年，它被转移到靠近柏林动物园的一个地堡中；1945年4月，再次被转移到图林根州梅克斯的一个地下盐矿洞里；1945年6月，又回到帝国银行。第二次世界大战后，它又被放进美军在德国威斯巴登建立的一个艺术博物馆里。1956年6月，塑像被重新送到了柏林，先是存放在西柏林的达兰姆画廊，后又放在西柏林夏洛滕堡的埃及博物馆内。2005年8月，塑像被放在柏林老博物馆内。2009年10月16日，柏林博物馆岛内新馆完成修缮并对公众开放，纳芙蒂蒂塑像又放到了这里。对于这件国宝，埃及一直要求归还，但德国总是装聋作哑，拒绝回应。

第一章 古埃及"政治明星"

创造了埃及辉煌的塞提一世

塞提一世，古埃及第 19 王朝法老（公元前 1318 年—前 1304 年在位；一说公元前 1337 年—前 1317 年）。他是拉美西斯一世的儿子、拉美西斯二世的父亲。

塞提一世是拉美西斯一世和他的皇后斯特拉的儿子。一份来自美达姆得的碑铭证明，塞提一世可能曾做过国家的摄政者。他的第一位妻子图雅是一位战车队官员的女儿。塞提一世的第一个儿子很早就过世了，他的第二个儿子就是拉美西斯二世。他有两个女儿，名叫提雅和赫努特米拉，后者后来成为拉美西斯二世的皇后。

在军事上，塞提一世在他成为埃及法老的第一年就派遣远征队进入叙利亚。这个行动是可以理解的，因为在他父亲拉美西斯一世去世前的一个月，塞提一世带领着军队对巴勒斯坦进行了军事活动。这个军事活动连同另外一个军事活动被记录在卡纳克阿蒙神庙的外部的北面和东面墙壁上。在一块石碑上还铭刻着塞提一世早期的军事活动。活动范围到达加沙的海岸，塞提一世在那里保护了主要商道上的水井，然后在行军到更北面之前夺取城镇。

在攻击叙利亚和黎巴嫩的时候，

↑ 塞提一世木乃伊

塞提一世第一次与赫梯交锋。一个刻在卡纳克阿蒙神庙墙上的场景展示了在卡迭什俘获的俘虏，当然后来的拉美西斯二世也曾和赫梯交锋。塞提一世还对西部沙漠中的利比亚人展开攻势。我们还了解到，在他执政的第八年，他镇压了在努比亚的埃任地区的反叛，在那里他获得了6万多个俘虏。然而这只是一个小小的问题，这次军事打击也就持续了7天。

就艺术和文化成就方面来说，塞提一世执政时期是埃及历史上最伟大的时期。从塞提一世修建的建筑中看，浮雕的质量以及设计水平对于后来者来说是无法超越的。卡纳克的阿蒙大神庙中壮观的多柱厅也是他负责开始修建的，后来由他的儿子拉美西斯二世完成。

在阿比多斯，塞提一世建筑了可能是古埃及神庙中最非凡的一座神庙。它有7座圣所，分别奉献给塞提一世自己、普塔神、拉—赫拉克特神、阿蒙—拉神、奥西里斯、伊西斯以及何鲁斯。有趣的是，在这个神庙里面有一块地方叫作档案厅或者叫名单长廊。塞提一世和他的儿子被描绘成正站在一长串法老的名单前面。但是，阿玛尔纳时期的法老却被除名了，这份名单直接从阿蒙霍特普三世跳到赫伦赫布。在阿比多斯神庙的后面，塞提一世建造了另一座辉煌的被人们熟知的

↑ 塞提一世王陵壁画

奥斯瑞文的建筑。这座建筑完全在地下，整个建筑有一个四周环绕着水道的土墩，象征着生命从原初之水里面出现。塞提一世死后，在被移送到国王谷之前，这座神庙就是他的安息之地。

另外的建筑包括敬献给塞提一世父亲拉美西斯一世的一座位于阿比多斯的神庙，塞提一世自己的位于第比斯的纪念神庙，还有塞提一世位于国王谷的坟墓。这座墓穴是少数几座几乎完全竣工的一座，而且是国王谷中最好、最长、最深的坟墓。塞提一世的陵墓于1817年被意大利考古爱好者贝尔佐尼在国王谷中发现。

拓展阅读

叙利亚

　　叙利亚是一个具有古老文明的国家，有着四千多年历史，远在旧石器时代早期，叙利亚就有原始人类生存。公元前4000年左右，那里的居民开始定居生活，并使用铜器。公元前3000年左右，叙利亚从原始社会向奴隶制社会过渡，出现了一些以商业城市为中心的奴隶制城邦国家。公元前8世纪，它被亚述帝国征服。公元前333年，马其顿军队入侵叙利亚。公元前64年，它被古罗马人占领。公元7世纪末，它被并入阿拉伯帝国的版图。自13世纪末起，它受埃及马姆鲁克王朝统治。从16世纪初起，它被奥斯曼帝国吞并达400年之久。

最伟大的法老——拉美西斯二世

拉美西斯二世是埃及历史上最伟大的法老。作为新王国第19王朝的一位法老，他之所以特别引人注目，不仅在于他的赫赫战功，还在于他为后世留下了许多无与伦比的建筑。从这些巧夺天工、气势恢宏的建筑里，人们看到了一位古埃及伟大帝王的身影。

缔结最早的国际和约

从拉美西斯二世留下的许多雕刻作品中我们知道他的生日是2月21日，却只能大致知道他是在公元前1300年左右出生于孟斐斯。他的父亲塞提一世娶了一位将军的女儿杜雅为王后，他们共生有两男两女。大儿子很小的时候就夭折了，这使拉美西斯二世最终顺利地登上王位。他很小的时候就开始在"法老学校"学习，10岁时在军中任职，15岁时父亲带他参战，希望把他培养成一位智勇双全的国王。

拉美西斯二世一生征战无数，早在他做王子时，他就是一位常胜将军。为恢复图特摩斯三世时期的帝国版图，他一登上王位就出兵努比亚，首战告捷，他很快就征服了努比亚。随后，他的战果不断扩大，周围的邻国纷纷对他俯首称臣。当时，只有强盛的赫梯帝国不甘心臣服，誓与埃及一争高下。因此赫梯人多次骚扰埃及的北部疆界。

为了回击赫梯人的挑衅，与其争夺对叙利亚的绝对控制权，拉美西斯二世率军朝奥龙特河谷进发，欲征服赫梯族重镇卡迭什。拉美西斯二世率领2万士兵和200辆战车，这些兵力被分为四支，其名称分别为阿蒙、布塔、拉和塞特。拉美西斯二世率领的是阿蒙支队。其对手穆瓦塔里什国王则有1万名士兵和3500多辆战车。

第一章 古埃及 "政治明星"

古文明浅读 永恒的北非文明——古埃及文明

↑反映卡迭什战役的壁画

在靠近奥龙特河的地方，拉美西斯二世的军队抓获了两名自称是赫梯族逃兵的人，他们说有重要情报要通报给埃及人。这两人被带到了拉美西斯二世面前并向他交代，穆瓦塔里什的部队距离此地很远，可以轻而易举地攻下其城池。拉美西斯二世此时视卡迭什如囊中之物，未等大部队集结完毕，即独自率领阿蒙支队冲向靠近卡迭什的平原地带，并在此宿营。

结果，当拉美西斯的卫兵抓到敌军先头部队的两名士兵时，他才意识到自己已经陷入敌人的包围圈，但此时为时已晚。躲在城堡内的赫梯族人突然发起进攻，措手不及的拉美西斯二世军队溃不成军，四下逃窜，只有拉美西斯二世带领贴身侍卫奋力抵挡赫梯族人的进攻。

面对重重包围，拉美西斯二世本来是没有希望逃脱的，幸亏有两件出乎意料的事件发生，让他得以全身而退：首先是赫梯族士兵在攻进了埃及军队的营地后，立即忙着抢夺财物，却把乘胜追击敌军的事忘在了脑后；其次是拉美西斯二世的后续部队及时赶了上来，救助了拉美西斯二世。

拉美西斯二世乘机率大军发起反攻，这时，整个战局被扭转过来。接近黄昏时分，双方停战，赫梯族人首先提出议和。

穆瓦塔里什虽说失去了许多辆重型战车，但他的士兵却损失很少。对拉美西斯二世来说，赫梯族人的突袭使他损失了一个支队。这次战事的结果是一次平局，这迫使拉美西斯二世放弃攻取卡迭什的打算，同意议和。

后来，拉美西斯二世却把这次反败为和的征战说成是在一位伟大领袖领导下的英雄壮举。随后，他在诸多宫殿、神庙等建筑物上刻下了这次战争的盛况。

撰写有关拉美西斯二世专著的弗朗克·齐米诺解释说："在古代，还没有哪一次战争拥有如此多的史料。拉美西斯二世战争归来之后，在他王宫的墙壁上，在阿布辛拜勒神庙、卡纳克神庙都刻下了描绘战争的场景。这些巨型的艺术品分别展示了士兵、埃及人安营扎寨、战斗的场面以及被俘的士兵。当然，其中占突出地位的还是拉美西斯二世本人，在画面中，他只身一人击溃敌军。流传给我们的还有叙述这场战争的两首史诗，其中最重要的一首就是《潘道尔之歌》，它与庙宇中的壁画一同向人们叙述了这段历史。"

从卡迭什战役以后，埃及和赫梯之间断断续续地进行了长达16年的战争（从拉美西斯二世的父亲塞提一世时就开战了），双方都陷入了困境，特别是由于赫梯王穆瓦塔里什国王去世，他的兄弟阿图西里什继承了王位，影响了西亚的形势。这时，亚述帝国的发展又威胁到赫梯。赫梯面临着埃及和新兴的亚述两帝国的制约，难以对外扩张和争霸，于是向埃及提出缔结和约。

多年的战争也使拉美西斯二世疲惫不堪，这种没有结果的战争他也不想再打下去了，便同意和赫梯签订和约。

公元前1269年，赫梯方面派出使节来到埃及，与拉美西斯二世签订了《和平公约》，确定了两国之间的永久和平。"永远不侵入"对方的"领地"；军事上确立了相互支持和援助的义务；两国互相维护对方国王的权益，引渡在对方国家避难的犯人。和约最后还有神对违约者的威胁和对守约者的加恩承诺。这是人类历史上现存最早的国际和平条约。十分难得的是，这一国际和平条约具有很强的现代意义，我们现在制定的国际公约大体也少不了这些内容。

目前，人们找到了该条约的两个版本，一个是刻在卡纳克神庙的石柱大厅墙上的象形文字，另一个是在挖掘赫梯族首都哈图萨废墟时发现的刻在黏土板上的巴比伦楔形文字版。

↑拉美西斯二世复原图

拉美西斯二世推行的军事征服政策，企图恢复和重新确立埃及在西亚的霸权地位，但是，他并不是一位很成功的军事活动家，他在位时埃及的版图并未超过他的先辈。他的最大功绩是创造了许多美轮美奂的宏伟建筑，这为他赢得了千秋美名。

卓越的建筑业绩

拉美西斯二世在尼罗河三角洲新建了自己的首都，这座新城的奢华程度与埃及另两座大城市孟斐斯和底比

第一章 古埃及 "政治明星"

古文明浅读 永恒的北非文明——古埃及文明

斯不相上下。这座城市被称为比—拉美西斯，意为"拉美西斯的家"。这座城市在拉美西斯二世当政的第五年就已初具规模，并成为他的王宫所在地。这座城市建在位于尼罗河三角洲东部的阿瓦里斯城，这是让他倍感亲切的地方，因为他父亲的夏宫就修建于此。不过这样选址还有其重要的军事和战略意义，这座城市紧挨东部边境，经常遭到外族的入侵，因此必须严加防守；另外它还是一个连接埃及和亚洲的重要商业交汇地。

到达比—拉美西斯城的人都会赞叹这座城市非凡的美景。宫殿、房屋还有拉美西斯二世本人的皇宫散发出绚丽的色彩，而历史记录者则把它描述成到处都是"美丽的阳台，铺有青金石和土耳石的大厅"。城市的每个重要地点都有一座神庙：北面有供奉乌托神庙，东面有亚洲女神阿斯塔尔特神庙，南面是塞特神庙，西面是阿蒙神庙。城中设有军队、官员居住区以及用于法老继位仪式的大厅；繁忙的港口内来往不断的船只载满各类物品，这使比—拉美西斯成为王国的一个主要商业中心。

↑拉美西斯宫遗迹

拉美西斯宫目前只有少部分还矗立在那里，但整个建筑群毫无疑问是拉美西斯二世所构想的最伟大建筑。它位于尼罗河左岸的底比斯地区。这是一座用于殡葬的神庙，但最终用途并不是安放拉美西斯二世的遗体，而是为了在他去世之后便于人们举行供奉他的仪式。

卡纳克神庙的建筑群由多座宗教建筑组成，这里是宗教中心，也是法老们举行加冕仪式的地方。雄伟的阿蒙大神庙，始建于公元前18世纪，随后经过历代帝王的修建，拉美西斯二世完成了最重要的石柱大厅的修建工作。拉美西斯二世让人用描绘庆典活动的浮雕装饰它的墙壁，并下令开挖一个保存至今的圣湖。湖水象征着所有形式的生命诞生地，在这里举行供奉阿蒙神和奥西里斯神的仪式，神职人员在每次仪式之前都要在此净身。

卢克索神庙在阿蒙霍普特三世法老在位时就已完成大部分，拉美西斯二世在已有的建筑结构上又增加了一个由72根石柱支撑的走廊和一个巨大的拱门，分成两排的石柱上刻满了装饰图案，拱门的墙壁上刻有记述卡迭什之战的浮雕。

拉美西斯二世还在埃及南部阿斯旺省以南，沿着高160多米的山体开凿成了高达60多米的阿布辛拜勒神庙，这座神庙名义上供奉的是阿蒙、拉和布塔三位主神，其实是为他自己建的神庙。

拉美西斯二世比古埃及任何一位法老都热衷于大兴土木，在位期间，他下令修建的宫殿、庙宇、雕像和石碑的数量多得令人难以置信。他为什么要这样做呢？他主要是想通过气势宏伟的建筑来显示自己的权力以及彰显自己是在世天神的地位。

拉美西斯的子女与木乃伊

拉美西斯二世有200多个妻妾，育有50个儿子和40个女儿。在他的众多妻妾中，特别值得一提的是他最宠爱的王后奈菲尔塔莉，他曾为她修了著名的阿布辛拜勒神庙，还有王后谷中无与伦比的奈菲尔塔莉陵墓。为了防止王子公主们为争夺王位而自相残杀，拉美西斯二世巧妙地把一个个儿子安插在王国里最重要的位置上。年纪较大的儿子在他的军队占据重要职位，年纪较小的儿子则被他任命为各地的最高祭司。不过，他并没有把埃及神职里地位最高、权力最大的卡纳克神庙的最高祭司一职交给他的任何一个儿子。他在位期间，儿子们至少看上去还能和平相处，这是因为他树立了崇高的威信，儿子们都听他的话。

↑下棋的奈菲尔塔莉

据说有一次，在拉美西斯二世带着大批俘虏回国时，被他任命的埃及总督的弟弟在达普纳伊迎接他，并且请他参加宴会，拉美西斯二世和儿子们都参加了这个宴会。他的弟弟在宴客厅的外面堆积了大量的柴薪，在宴会进行到高潮时，把它点着了。当拉美西斯二世发现时，四周一片火海，眼见逃脱无望了。他的两个儿子跳到火中作为火焰中的桥梁，让人踏着他们的身体过去，这样一来，拉美西斯二世和他其余的孩子便得救了，而给他作"桥梁"的两个儿子却被活活地烧死了。

拉美西斯二世在位60多年，活了90多岁，这在当时可以算是奇迹了，因为当时人们的平均寿命大约只有40岁。他死后，以一个伟大的法老所能享用的最隆重方式下葬。他的儿子莫尼普塔率领一支庞大的船队沿尼罗河将父亲的遗体送至底比斯。一路上臣民百姓无不洒泪相送，向这位给他们带来太平盛世的伟大法老致敬。船队到达底比斯城后，送葬的队伍又朝开凿于国王谷的陵墓进发。在国王谷王陵内安放的除了拉美西斯二世的棺椁之外，还有让拉美西斯二世在冥界也能过上富贵生活的无尽宝藏。最后陵墓的大门被封上，以便让法老能平安地长眠。但事与愿违，几十年以后，陵墓内陪葬的宝物被盗墓贼洗劫，而拉美西斯二世的木乃伊也从此不得安宁。负责看守的埃及神职人员不得不多次搬动法老的木乃伊，以防那些盗墓人打开木乃伊身上的绷带，偷取藏在内部的黄金饰物。随后，他的木乃伊神秘地消失了。

1881年，在底比斯附近一座小城的哈特舍普苏特神庙内，拉美西斯二世的木乃伊被法国科学家加斯顿·马斯佩罗发现。这具木乃伊最终被安放在埃及国家博物馆内，并且至今保藏。专家分析，可能是守陵的神职人员偷偷地将拉美西斯二世的木乃伊收藏在这里的。拉美西斯二世身高1.76米，比当时的普通人高出10厘米。他发色鲜红，不同于常人。他的木乃伊是当今保存最完好的古埃及木乃伊之一。

拓展阅读

《拉美西斯二世》五部曲

小说《拉美西斯二世》五部曲包括《光明之子》《百万年神殿》《卡迭什战役》《皇后之爱》和《样槐树下》，作者是法国人克里斯蒂安·贾克，巴黎索邦大学古埃及学博士。小说叙述拉美西斯二世在父亲塞提一世的教导下，创建丰功伟业，兢兢业业，直到在位末年。这套书不仅纪念拉美西斯二世，还描述了一些令人难忘的人物：法老塞提一世、皇后杜雅、备受宠爱的奈菲尔塔莉、大美人伊瑟、诗人荷马、蛇咀巫师赛大武、犹太人摩西等。

伟大的征服者
——亚历山大

亚历山大是马其顿国王腓力二世之子。马其顿王国在腓力二世的统治下，国力开始强大起来，但与其南部不远的埃及相比，还相差很远。公元前336年夏，腓力二世在女儿的婚礼仪式上遇刺身亡，刚满20岁的亚历山大继承了王位。

腓力二世死后，被他所征服的希腊各城邦和一些部落纷纷乘机叛乱或宣布独立。亚历山大决定杀一儆百，便以闪电般的速度出现在希腊诸城邦中有名的底比斯城下。底比斯人简直不敢相信自己的眼睛，无不惊慌失措。底比斯城很快被攻陷，变成了一堆瓦砾。

亚历山大达到了预期的目的，底比斯的毁灭，确实起到了杀一儆百的作用。希腊诸城邦望风归顺，纷纷表示臣服。随后雅典也表示臣服，并恳求宽恕。没过多久，各城邦又统一在亚历山大的领导之下，承认亚历山大为最高统帅。于是亚历山大可以无后顾之忧地大展宏图，组织对东方的远征了。

亚历山大远征东方波斯的借口是

↑亚历山大大帝塑像

第一章 古埃及「政治明星」

波斯人曾蹂躏过希腊圣地，又参与过对腓力二世的谋杀。据说，临出征前，亚历山大把自己所有的地产收入、奴隶和畜群全部分赠他人。当时有位将领迷惑不解地问："陛下，您把所有的东西分光，把什么留给自己呢？""希望！"亚历山大干脆利落地答道，"我把希望留给自己！它将给我带来无穷的财富！"随后，亚历山大怀着征服世界的渴望离开故土，踏上了征程。

公元前334年春，亚历山大率军渡过赫勒斯滂海峡（即今天的达达尼尔海峡），开始了长达10年的东征。他开始远征波斯帝国的军队，由步兵3万名、骑兵5千名和战舰160艘组成；而波斯帝国却拥有数十万大军，战舰400艘。波斯帝国面积比马其顿王国约大50倍，而且远东古老而富足的埃及、巴比伦、腓尼基等诸多国家均已被波斯征服，并入波斯版图。尽管二者力量相差悬殊，但亚历山大善于从本质上看问题。他深知，波斯帝国虽国土辽阔，军队庞大，威名犹在，但其势已衰，内部四分五裂，皇帝大流士三世是个意志薄弱、缺乏智谋的平庸帝王。而马其顿王国气势正盛，锐不可当。亚历山大借助迅速渡过赫勒斯滂海峡之余威，利用己方高昂的士气，一鼓作气，突破敌方防线，首战告捷，彻底摧毁了波斯人的士气和抵抗的决心。

公元前333年秋，亚历山大又在伊苏斯城附近以其著名的"马其顿方阵"击败了不甘心失败的波斯军队。公元前332年冬，亚历山大占领了埃及，结束了波斯人在埃及的统治。由于埃及人长期遭受波斯人的压迫，因此将亚历山大视为救星。他们恭敬地迎接他进入埃及，拥戴他为"埃及的法老"。

亚历山大无疑是一名伟大的将领，但是他的伟大不仅仅在于他军事上的成就，同时也在于他闻名于世的博学与宽宏的气量。他曾是有名的亚里士多德的一个学生，对于埃及的历史很清楚。他知道埃及人对自己古代神的崇敬，也知道埃及人憎恨波斯人不尊重他们的信仰。他到达埃及后，尊重埃及人的信仰，特别注意笼络埃及的祭司。他还去朝拜阿蒙神庙，称自己为"阿蒙神之子"。他的所作所为赢得了埃及人的心，于是他被埃及的祭司和人民公认为埃及合法的统治者。

亚历山大还在尼罗河口选择城址，建立了一个新的都城，用他的名字给这个都城命名为"亚历山大"。亚历山大城是他在东方建立的第一座城市。亚历山大城很快繁荣起来，而且成为世界的文化名城，直到今天仍是埃及的最大的海港和第二大城市。

征服被波斯人占领的埃及只是亚历山大东征的一站，他先后灭了波斯，占领了文明古国巴比伦。公元前325年,亚历山大侵入印度,占领印度河流域,他还企图征服恒河流域,但是经过多年远途苦战,兵士疲惫不堪。由于印度人民的顽强抵抗,加之疟疾的传染,毒蛇的伤害,兵士拒绝继续前进,要求回家。亚历山大不得不放弃东征计划,公元前325年7月从印度撤兵。公元前324年,其陆军回到波斯利斯和苏萨,舰队在底格里斯河口靠岸,随后返抵新都巴比伦,10年东征宣告结束。亚历山大建立起了一个横跨欧亚非的空前大帝国。

亚历山大是一位伟大的征服者,他的远征促进了东西方的交流。在苏萨一次盛大奢华的"结婚典礼"上,亚历山大亲自带头同波斯国王大流士的女儿斯塔提拉结了婚,许多马其顿的将领都娶了波斯显贵的女儿,同日参加婚礼的有1万对之多。在结婚典礼上,亚历山大郑重宣布,马其顿人与亚洲女子结婚,可以享受免税权利。他还亲自赠给新娘新郎许多礼物,以示鼓励。

公元前323年,年仅33岁的亚历山大在巴比伦突发高烧身亡。据说,亚历山大去世前深明人生的虚空,自己奋战十余年,战无不胜,但却战胜不了死亡;他命部下在其死后将自己的棺材两侧留孔将其两只手伸出,以示后人,他虽一生奋战所获无数,最终仍是两手空空离去。

由于亚历山大死时,没有指定明确的继承人,只含糊地说"让最强者继承",从而导致内战四起,他的帝国四分五裂,部下各据一方。他的部下托勒密控制了他的尸体,将其运回埃及的亚历山大城埋葬。这样一来,托勒密就取得了统治埃及的权力,成为托勒密一世。从此埃及开始了托勒密王朝时期。

从长远的观点来看,亚历山大东征所带来的最重要的影响是使希腊和

↑亚历山大大帝电影海报

第一章 古埃及 "政治明星"

中东开化民族开始相互密切往来，极大地丰富了这两个民族的文化。亚历山大在位期间及其死后不久，希腊文化迅速传入伊朗、美索不达米亚、叙利亚、竹地尔和埃及；而在亚历山大以前，希腊文化仅以缓慢的速度传入这些地区。亚历山大还把希腊的影响播及以前从未到达的印度和中亚地区。

文化影响绝不是单向传播的事。在希腊文化时代（亚历山大东征后的几百年间），东方思想，特别是宗教思想传入了希腊世界。就是这种希腊文化——主要指具有希腊特征但也深受东方影响的文化，最终对罗马产生了影响。

拓展阅读

马其顿方阵

马其顿方阵，是一种早期步兵作战时的战术。在荷马时代以前，步兵打起仗来像一窝蜂似的杂乱无章，所以具有严格阵法的马其顿方阵能轻易地打败数量上占优势的敌人，这在当时可以说是战术上的创新。马其顿方阵在亚历山大的运用下战无不胜，攻无不克，从而使得敌人一提起马其顿方阵就会战栗。

最后一位法老——
埃及艳后克丽奥佩特拉

17世纪法国大思想家帕斯卡说过一句很有趣却十分耐人寻味的话："如果克丽奥佩特拉的鼻子再短一点儿的话,整个世界的面貌将为之改观。"如果一个人的长相有这么大的魅力的话,那么这个人应该在历史上有自己的一席之地。这里说的就是著名的埃及艳后克丽奥佩特拉。

女王与恺撒

克丽奥佩特拉是埃及国王托勒密十二世和克丽奥佩特拉五世的女儿,天生丽质,异常聪慧。当时,埃及处在腐败无能的托勒密王朝末期,正在走下坡路,地中海北面的罗马王国已经迅速崛起,随时都可能吞并埃及。因此,当时的托勒密王朝只得接受罗马的庇护。公元前51年,由于托勒密

↑埃及艳后克丽奥佩特拉

十二世的荒淫和残暴,激起了首都亚历山大城民众的不满,发生了暴动。结果,吓得托勒密十二世灰溜溜地逃跑到罗马去寻找庇护了。

托勒密十二世逃跑后,将整个国家丢给了他的四个女儿和两个儿子。

在大臣们的推举下，二女儿贝任尼斯登上了王位。其间她的姐姐死去了。三年之后，托勒密十二世在罗马人的支持下卷土重来，返回埃及。为了夺回王位，托勒密十二世不念父女之情，杀死了二女儿。没过多久，他又在动乱中死去。这样一来，托勒密十二世十几岁的三女儿克丽奥佩特拉和年仅9岁的儿子托勒密十三世，在罗马人的庇护下，共同登上王位，并且缔结婚姻，一起执政。

俗话说一山容不得二虎，两人共同执政，谁听谁的啊？虽说现在两人既是姐弟又是夫妻，可是对权力的欲望还是盖过了一切。他们两人终于因派系斗争和争夺权力而失和。不过当双方真的开始对阵后，克丽奥佩特拉就败下阵来，因为托勒密十三世毕竟是第一位的统治者，获得了更广泛的支持，克丽奥佩特拉最终被逐出首都亚历山大城，逃到叙利亚。正在她绝望之际，一个天赐的机会来了。

当时，罗马帝国发生内乱，恺撒大帝追击他曾经的战友庞培来到埃及。庞培来到埃及寻求庇护，可是托勒密十三世知道恺撒的厉害，不敢得罪恺撒，更是为了向恺撒邀功，他杀死了庞培。当恺撒到来时，他将庞培的头献了上去。不料恺撒却不高兴，因为庞培毕竟曾是他的战友，而且他也不喜欢埃及人干预自己国家的内政。于是恺撒宣称要调停托勒密十三世姐弟两人的矛盾，下令他们第二天来到自己面前。

↑恺撒大帝头像

克丽奥佩特拉得此消息，有了一个接近恺撒的主意。于是克丽奥佩特拉乘船于夜间潜入亚历山大城，以五彩斑斓的毛毯裹身，由人抬到恺撒的住处，说是克丽奥佩特拉女王有一件礼物要送给恺撒。当美艳绝伦的克丽奥佩特拉从毛毯里滚出来，玉体展现在恺撒面前时，恺撒又惊又喜。很快，风情万种的克丽奥佩特拉就征服了恺撒。正是在恺撒的武力支持下，克丽奥佩特拉顺利地登上了法老的王位，而托勒密十三世在与恺撒的战争中失败，据说最后溺死于尼罗河。

克丽奥佩特拉依靠恺撒巩固了自

己的地位，成了埃及实际的统治者。而在名义上她按照埃及的传统与另一异母兄弟托勒密十四世结婚，共同统治埃及。为了取悦于恺撒，克丽奥佩特拉百般逢迎，盛宴款待，陪伴他乘坐游船溯尼罗河而上，观赏风光。不久，恺撒因战事去了小亚细亚，三年后转回罗马。其时，克丽奥佩特拉为恺撒生下一子，取名托勒密·恺撒。

公元前45年，克丽奥佩特拉接到恺撒的邀请，请她带着托勒密·恺撒一起去罗马。克丽奥佩特拉到达罗马，备受殊荣，住在恺撒的私人宫邸。恺撒还在罗马建造了一座祭祀其尤利乌斯族系祖先的维纳斯神庙，并特意把克丽奥佩特拉的黄金塑像竖立在女神之旁。然而，因为不满恺撒的专制和改革，恺撒被元老院的布鲁图斯等人设计刺杀身亡。克丽奥佩特拉在恺撒的部将安东尼的帮助下，偷偷离开了罗马。

女王与安东尼

克丽奥佩特拉返回埃及后，毒死了托勒密十四世，立她和恺撒所生之子为托勒密十五世，共同统治埃及。

恺撒死后，恺撒的继承人屋大维与重兵在握的安东尼联合控制了罗马的局势，在腓力比战役中，最后击败了共和派领袖布鲁图斯和喀西约的军队。按照与屋大维的协议，安东尼巡视东方行省，筹措资金。公元前41年，安东尼到达西利西亚的塔尔苏斯，遣使去埃及，召见克丽奥佩特拉。克丽奥佩特拉对罗马政局和头面人物颇为了解，认为这又是一个绝好的机会，于是巧作安排，加以利用。据说，克丽奥佩特拉乘坐一条豪华的楼船，从埃及出发，先到西利西亚，再经后德诺斯河抵达塔尔苏斯。这艘船上挂着用名贵的染料染成的紫帆，船尾楼用金片包镶，在航行中与碧波辉映，闪闪发光。女王打扮成维纳斯女神的模样，安卧在串着金线，薄如蝉翼的纱帐之内。美丽的童子侍立两旁，各执香扇轻轻摇动。装扮成海中仙子的女仆，手持银桨，在鼓乐声中有节奏地划动。居民们见此情景，疑是爱神维纳斯乘着金龙来此与酒神安东尼寻欢作乐。人们奔走相告，观者如潮。安东尼被邀至船上赴宴，看到克丽奥佩特拉迷人的风姿，优雅的谈吐，神魂颠倒，不知所措。安东尼很快就成了她的俘虏，跟随她一起到埃及去了。

公元前40年夏，安东尼回到他的领地意大利。此时，安东尼和屋大维之间的矛盾有所缓和，他娶了屋大维的姐姐奥克塔维娅为妻，以罗马传统的联姻方式巩固政治上的联盟。到公元前37年，安东尼和屋大维的矛盾加深，安东尼回到东方，准备远征帕提

古文明浅读 永恒的北非文明——古埃及文明

亚。他以征途艰辛,不宜安置于军营为理由,把奥克塔维娅遣送回罗马。当安东尼到达安条克时,即邀请克丽奥佩特拉会面,并且违反罗马的传统习惯同克丽奥佩特拉结婚。他们的结合固然是有感情基础的,但更重要的是出于政治目的。

安东尼要远征帕提亚,要同屋大维进行斗争,亟须得到埃及在财政上的支援。克丽奥佩特拉则希望在安东尼的支持下维护和发展托勒密王国,加强并扩大自己的法老权力。为了满足克丽奥佩特拉的野心,安东尼把叙利亚中部地区、腓尼基沿岸一些城市,以及纳巴特王国部分地区赠给克丽奥佩特拉。克丽奥佩特拉支持安东尼远征帕提亚,结果安东尼未能获胜。

公元前34年,安东尼出征亚美尼亚得胜后,不是在罗马而是在埃及的亚历山大城,按照埃及的礼仪来举行凯旋仪式,两人同登黄金做成的王座,克丽奥佩特拉称为"诸王之女王",其子托勒密十五世称为"诸王之王"。安东尼在东方的所作所为,特别是他与克丽奥佩特拉的关系,已经激起了罗马人的恼怒。他们斥责安东尼将罗马征服的土地赠予克丽奥佩特拉及其子女,准备迁都亚历山大城另建新王朝。罗马人对克丽奥佩特拉恨之入骨,认为她是除了汉尼拔(北非古国迦太基著名军事家,罗马劲敌)以外构成对罗马最大威胁的人。这使安东尼威信扫地,丧失了国内的有力支持。这一点被屋大维利用。

↑屋大维塑像

公元前32年,安东尼和屋大维的矛盾趋于尖锐,两人完全决裂了。安东尼正式休书遗弃其妻奥克塔维娅。屋大维发誓要为姐姐所受的侮辱报仇。他不顾冒犯罗马的传统习俗,从维斯塔贞女手中取得安东尼放置于神庙中的遗嘱,公布于众。安东尼在遗嘱中记述了他对克丽奥佩特拉及其子女的领土分配,还指令克丽奥佩特拉及子女将其遗体安葬在亚历山大城。遗嘱一公布,舆论哗然,群情激愤。据此,元老院和公民大会以侵占罗马人民财产为由，对克丽奥佩特拉宣战，并剥夺了安东尼的执政官职务以及其他一切权力。

↑伊丽莎白·泰勒饰演的"埃及艳后"

公元前31年，安东尼和屋大维大军会战于阿克提乌姆海角。正值战斗方酣，安东尼舰队受挫之时，一同出来作战的克丽奥佩特拉突然掉转船头撤离战场，驶回埃及。其中原因至今仍是一个谜。安东尼随即追赶而去，抛下正在战斗的舰队。主帅离开，军心顿时涣散，结果其军遭受毁灭性打击。

公元前30年，屋大维进攻埃及，包围埃及首都亚历山大城。安东尼看到大势已去，自刎而死。

克丽奥佩特拉知道自己的死期将近，她躲进了墓堡，为屋大维所擒。屋大维生擒克丽奥佩特拉的目的，是要把她带回罗马，在举行凯旋仪式时示众。克丽奥佩特拉明白他的心思后，陷于绝望，万念俱灰，忠诚的侍女将一条眼镜蛇装在无花果的篮子里送到她面前，她把自己的双手伸进无花果篮子里，结束了神奇、浪漫的一生。屋大维满足了她临死之前的要求，把她和安东尼埋葬在一起。克丽奥佩特拉与恺撒和安东尼所生的儿子均被屋大维下令处死。

拓展阅读

眼镜蛇

眼镜蛇是眼镜蛇科中的一些蛇类的总称。眼镜蛇名字的由来应该是17~18世纪眼镜出现后附会而成的，最后成了正式名称。因其颈部扩张时，背部会呈现一对明显的黑白斑，看似眼镜状花纹，故名眼镜蛇。眼镜蛇的颜色多样，有黑色、深棕色、浅黄白色等。多数眼镜蛇体形较大，可达1.2~2.5米长。眼镜蛇毒液为高危性神经毒液，可阻断神经肌肉传导，使被咬者出现肌肉麻痹而致命。

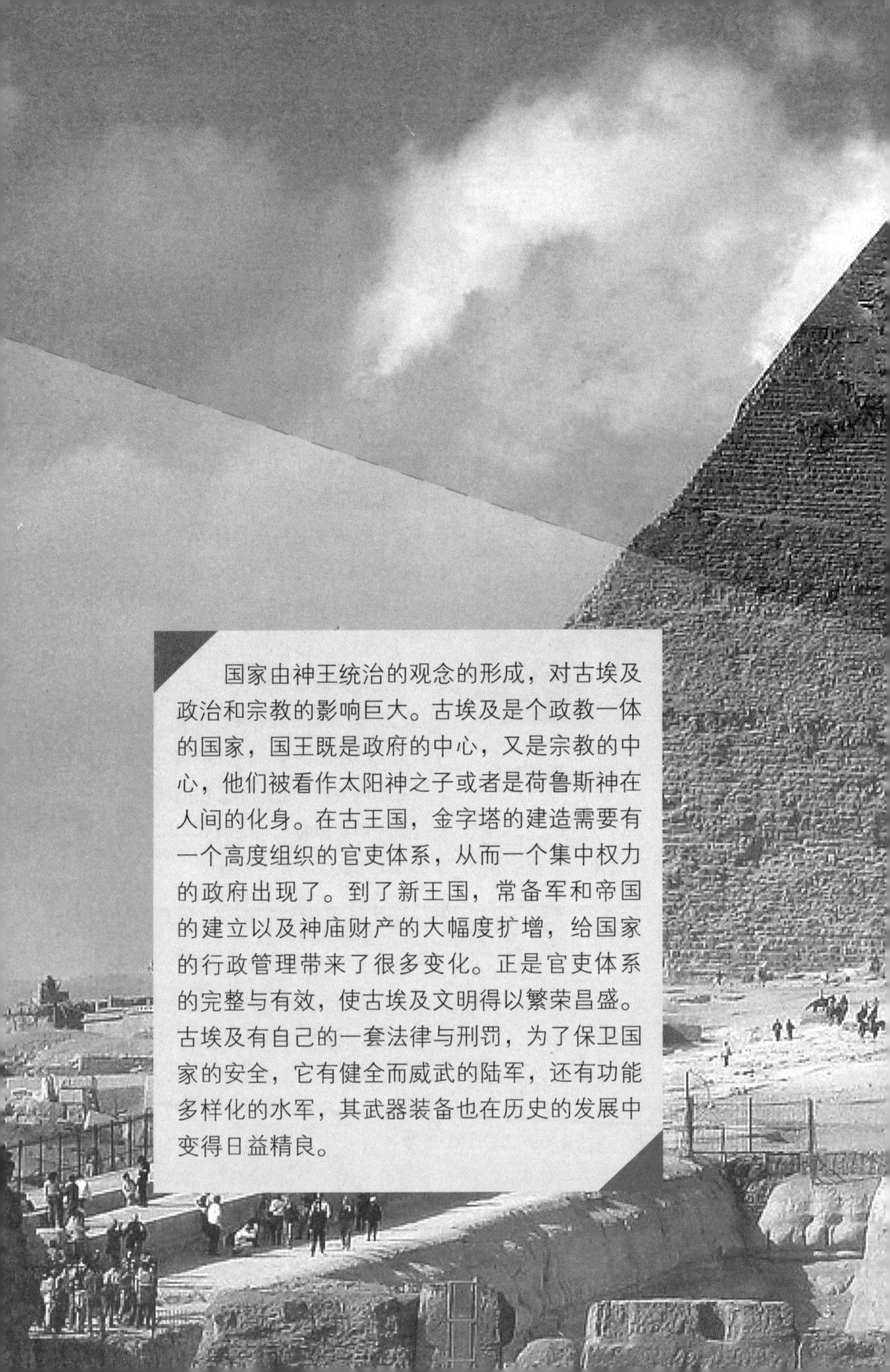

国家由神王统治的观念的形成，对古埃及政治和宗教的影响巨大。古埃及是个政教一体的国家，国王既是政府的中心，又是宗教的中心，他们被看作太阳神之子或者是荷鲁斯神在人间的化身。在古王国，金字塔的建造需要有一个高度组织的官吏体系，从而一个集中权力的政府出现了。到了新王国，常备军和帝国的建立以及神庙财产的大幅度扩增，给国家的行政管理带来了很多变化。正是官吏体系的完整与有效，使古埃及文明得以繁荣昌盛。古埃及有自己的一套法律与刑罚，为了保卫国家的安全，它有健全而威武的陆军，还有功能多样化的水军，其武器装备也在历史的发展中变得日益精良。

第二章

古埃及的统治者与军队

古文明浅读 永恒的北非文明——古埃及文明

国家由神王统治

埃及国王的角色最初是从前王朝最有力量的部族首领转变而来的。到了古王国时代，国王开始在孟斐斯居住，建立政治组织，此时国王已经被看作是绝对的君主，认同于皇家的鹰神荷鲁斯。第一位统治者都被认为是神的化身，他活着的时候拥有荷鲁斯神的头衔，临死时，他把这个头衔传给其继任者。

国家由神王统治的观念对埃及政治和宗教的发展都是非常重要的。每一位国王都被认为是国家主要神祇的后裔，这一独特的出身赋予了他们特别的品质，使他们能够执行其王权。这使他们能够在神和人之间充当媒介，在神庙中为神举行仪式。这也使他们和他们的子民分开，不仅在他们活着的时候，而且他们在死了之后可以获得永生。从此以后，当不朽的观念变得越来越平民化的时候，国王认为他们可以在一个与他们的子民不同的环境中度过他们的来世生

↑法老守护神——荷鲁斯

活：由神祇陪伴乘坐圣船巡游天堂。

此外，因为国王是神，他们便拥有了埃及及其资源和人民，但是他们

在作出决定和采取行动的时候也要臣服于真理女神玛阿特，必须服从女神所代表的平衡和秩序的法则。在现实生活中，他们通常采纳他们的顾问和大臣的忠告行事。

神王观念在古王国被明确地界定下来，在当时的丧葬习俗中得到强调：国王休息在金字塔中，而其臣民埋葬在陵墓和墓穴中。国王和神之间的关系从来不是和谐一致的，主神和他的祭司总是对王权构成威胁。虽然王权强大时这种威胁还不明显，但依然是存在的，即使是国王强大而成功的时候，比如在国王把从战争中得到的战利品送给阿蒙神的第18王朝早期，他们的行动还是最终增加了神的财富和影响，代价是牺牲了自己，以致出现了埃赫那顿的宗教改革。

虽然国王在古王国早期是无所不能的，但他们在第2王朝时期采用了另外一个头衔"拉神（最初的太阳神，也是古王国国家的保护神）之子"，这表明他们与太阳神的关系已经变成父子而不是平等的兄弟关系了。到第5王朝，当拉神的祭司帮助国王登上王位时，对拉神的崇拜变得更加突出，国王停止修建自己的墓地金字塔，将原材料用来建造太阳神庙，为祭拜拉神所用。

在中王国时期，出现了宗教信仰和习俗的民主化，奥西里斯神得到普遍称赞，新的统治者用奥西里斯神取代了拉神。这些国王随后为了平衡拉神祭司的权力，便给予过奥西里斯神以王家的保护。然而，在中王国，奥西里斯变成最高的王家之神，与国王就职加冕时表演的神圣仪式有密切的关系，活着的国王被看作是冥界荷鲁斯神的化身。

到了新王国，阿蒙·拉（阿蒙与拉合而为一，但此时在习惯上还称阿蒙神为太阳神、国家保护神）神被提升到国家主神的地位，早期底比斯国王用战争中得来的战利品和卡纳克神庙崇敬阿蒙·拉神。因为阿蒙神的高级祭司有权代表神批准继承人，他便直接控制了王权。到了第18王朝末期，埃赫那顿推行阿顿一神信仰，为了打击阿蒙神祭司的势力，要求所有其他神的崇拜都停止，祭司团体也都被解散。埃赫那顿和他的直接继承人从王室家族外迎娶他们的王后。

埃赫那顿的宗教改革，最终以失败结束，传统的神祇和他们的祭司都恢复了地位。在第21王朝，一部分阿蒙神高级祭司在南方获得实际上的自治，虽然他们名义上承认统治者来自北方，但实际上，埃及已经分裂了，两个家族都各自承认继位国王的权力。

在第21王朝，又出现了一个新的角色，这就是"阿蒙神后"。最初，该头衔主要由王后担当，但此时却由国王的女儿担任，这是一个具有很大权

古文明浅读 永恒的北非文明——古埃及文明

力和很多财富的角色。她需要生活在阿蒙神的崇拜中心底比斯。在那里，她拥有权力和财产；在许多方面，她的地位都与其父亲平等。然而，她的影响仅仅限定在底比斯地区。作为神的妻子，她不得有人间的丈夫，她的宫廷要符合贞洁的准则，因为这些女人是阿蒙神的妻子。

到第 25 王朝开始时，"阿蒙神后"变成国王掌管政治大权的工具。国王可以通过成为神后的女儿控制底比斯。每一位神后都接受下一个国王的女儿作为她的继承人。阿蒙神后的主要作用是防止威胁到国王最高权力的人夺取底比斯的政治权力，她们阻止了国家的分裂。该角色的使用成为另一种限制祭司政治野心的手段。

你知道吗
阿蒙神与拉神的异同

阿蒙神与拉神一样，是太阳神。与拉神不同的是，阿蒙神一般以一位英俊威严的男子出现，而拉神却是以慈祥年迈的老者出现。与原来拉神组合了阿图姆不同，阿蒙神并没有融入九柱天神系统。阿蒙神在作为底比斯的地方主神的时候有着自己不太完整的家族系统，他有自己的妻子和儿子。成为全埃及主神后，这个系统依旧跟随着阿蒙神。阿蒙神与妻子和儿子同住在底比斯的卡尔纳克神庙。

法老集政教权力于一身

古埃及文明延续了3000多年，社会组织和政府体系一直很少发生变化。这个运行有序的结构只是在古王国末期被一场不知其详情的革命所打断，接着是暂时的崩溃和瓦解，断断续续的内战（第一、第二和第三中间期），此时的地方力量挑战中央政权，从而建立起他们自己的势力范围。然而，该体系却通过婚姻和继承的方式得以支撑和保存。人们的婚姻往往在他们自己的社会集团内部完成，职位和权力是父子相传。这样稳定而集中的政治结构不仅建立了一个大型纪念性建筑，建立一个帝国的框架，还确保了人民的生计。

埃及是一个政教一体的国家，国王既是政府的中心，又是宗教的中心。他被看作太阳神之子或者是荷鲁斯神在人间的化身。从新王国时期起，"法老"这一称呼用作国王的头衔，原意为"大房子"或"皇宫"。在加冕礼上，法老登上王位，接受神的权力进行统治。人们相信每一个新的统治者都会使世界得到了重生，并恢得原始的创世。法老以"玛阿特原则"统治埃及。玛阿特是象征宇宙平衡的女神。一切源自法老，理论上他拥有全部土地、人民和财富。他死后作为来世之神延续统治，其复活不仅对他个人而且对于埃及国家的生存都十分重要。所有丧葬信仰和习俗最初都是为国王的这一信念发展起来的。然而，即使法老看上去似乎权力无限，也必须受到克制，因为他必须遵守先例，服从玛阿特的原则。虽然他被看作具有神性，但他的臣民并不盲目地接受和承认每一位法老，而是根据他的业绩评判他。

从史前时期开始，埃及这一国家就被分成若干行政管理区，现代历史学家

第二章 古埃及的统治者与军队

→拉美西斯三世带领儿子觐见哈特尔神

古文明浅读 永恒的北非文明——古埃及文明

用古希腊术语"诺姆"称呼它们。诺姆从最初分散的部族控制的地区发展而来。后来持续到有文字的历史时期，每一个诺姆都被置于一个国王指定的地区行政长官诺姆长统治之下。到古王国末期，这些位置变成了世袭，后来诺姆长实际上成为独立的统治者。最后，到了中王国时期，国王征服了这些诺姆。在新王国时期，诺姆被重新划分成大量更小的地区，每个诺姆受到中央政府的严格控制。尽管诺姆经历了这样的一些变化，它们仍然是埃及基本的行政单位。

由于没有足够的材料留存下来，我们很难勾勒出当时的经济怎么组织、运行的清晰图画。一般说来，归国王所有的土地由皇室官员管理，或作为永久的财产送给神庙。一些土地还根据终生使用体系由官员为国王管理：他们管理这些地产，以赋税的形式返还给国王。从古王国时期起，富人就已经私下拥有了一些土地；但这些财产的总量和他们雇佣人的数量与国家和神庙比起来都很小。需要国家有效地组织的其他任务，诸如土地上的工作、制砖和采矿，都由有劳役义务的农民完成。

埃及有充足的粮食供养国内相对较少的人口，还有些剩余用来与其他国家进行贸易。埃及的出口产品包括草纸、谷物、纺织品和干鱼；黄金和精美的手工艺品也用来交换埃及所缺少的物品：黄铜、银子、香料和建筑所需的某些木材。除了贸易，埃及人还用外交、征战和殖民的方式获取所需的物品。

当埃及在亚洲建立起帝国的时候，那里臣服的城邦通过效忠埃及国王的当地统治者来实行统治。为了确保他们的忠心不二，这些当地统治者的孩子会被送到埃及宫廷接受教育。这让埃及人能够将他们的思想和价值观灌输给这些统治者的下一代，很有利于国家的安定与团结。

在埃及国内，经济体系围绕着以货代款的支付形式运行，通常是诸如玉米、大麦、鱼等食物支付给书吏、祭司、农工和技工等雇员作为报酬。三个主要的雇主是国家、神庙和贵族，他们用租金和自己的所得给他们的雇员付酬。税收和支付依靠公平迅速的食物再分配系统。

拓展阅读

第一中间期

第一中间期是古埃及历史古王国时期和中王国时期之间大约100年的历史时期。古王国后期，中央集权减弱，埃及王朝逐渐丧失了对地方政府的管辖，各地方领袖纷纷脱离中央政府，古埃及进入分裂状态。尽管这一时期仍然有诸如第7王朝、第8王朝等古埃及王朝存在，但那只不过是名义上的王朝，实际上则仅仅可以控制首都孟斐斯附近的一小部分地区，而其他地区则被地方官员实际控制。这一时期的后期，来自中部埃及底比斯的地方官员开始挑战"中央政权"，建立第11王朝，并成功地打败了中央政府，统一了埃及。此后古埃及进入国家统一的中王国时期。

第二章 古埃及的统治者与军队

组织严密的官吏体系

法老是埃及的最高统治者，古王国有一个严格组织的官吏体系，它出自于王室内部的官职；在此阶层之下，地方长官管理每一个行政区的管理机构。在中央政权层面，设有农业、建筑、军队、船只、边疆、贸易远征、对外关系、司法、监狱和医疗等部门。神庙和富有地主也有自己的行政部门，有时是独立的，其中有一半受中央政府的直接管辖。行政机构设置一般比较复杂，涉及很多人的生活，因为该体系中大多数职务的承担者不是国家雇佣的就是神庙雇佣的。

在古王国时代，某些中央部门就已经在新都城孟斐斯建立了起来。这些部门包括行政管理、司法和对外贸易，以及白宫和红宫的国库，负责征收和再分配国家税收。这些部门可能与地方行政管理有关系。这两个层次的管理机构负责处理管理国家的问题，包括解决都市化问题、组织紧密的共同体问题，以及结构松散的农业单位问题。

在古王国时期，金字塔的建造需要有一个高度组织的官吏体系，于是

↑埃及法老（中）

一个集中权力的政府出现了。这一体系后来崩溃了。在中王国时期,一个新的体系被篡夺王位的第12王朝统治者们引进。到了新王国时期,常备军和帝国的建立以及神庙财产的大幅度扩增给国家的行政管理带来了很多变化。

正是这个官吏体系使古埃及文明繁荣起来。伴随这一复杂社会出现的是成熟的体制,国王作为中心人物,代表神的统治,体现国家意志。该社会有一群代理人辅助,他们领导着行政管理机构、军队和祭司。他们收入很高,接受土地租金和王室礼物,此外,他们还分享神庙的收入,并从国王那里得到赠礼。

行政管理机构由维西尔(总理大臣)负责,维西尔通常从书吏阶层任命。他们的工作是向国王提出建议,并直接从国王那里得到指令。作为司法的领导人并负责整个行政管理的人,维西尔的权力非常之大。在有些时期,埃及南方、北方各设一个维西尔。维西尔的职位从第4王朝开始设立,一直存在到公元前4世纪。

在最高级别的官吏之下还有很多小官吏,包括书吏、祭司和工匠。这些人是上一阶层的家臣或扈从,他们得到的是实物报酬,生活非常富裕。在他们之下是农民。农民在土地上工作,另外还要承担一些劳役。到了中王国时期,农民不仅包括埃及人,而且还有一些战俘。所有的农民都有尽劳役的义务,他们在土地上、建筑工地上、工场里、矿山中工作。在早期,农民还有义务作为战士参与征战。

政府、神庙或富人似乎"拥有"一些工人,因为他们有权力买卖、赠送或释放他们。然而奴隶也可能拥有土地和财产,并能出卖或赠送这些财产;他们还可以和女人自由结婚并雇佣仆人。因此,在古埃及,一个人完全被另一个人拥有的奴隶概念是不存在的,那种的确存在的服劳役的奴隶在社会经济生活中也不是一个主要的因素,那些需要大规模劳力的早期工程,比如说古王国的金字塔,是由本国的农奴而不是奴隶建造的。

当时,政府基本上是由雇佣来保护弱者免受强者欺负的巡捕队来维持的。巡捕有保护农民不遭偷盗和攻击以及驱逐捣乱者的职责;政府还让他们用劝说的方法,甚至用武力确保农民交税。还有他人巡逻埃及的东西国境,或搜寻并归还逃跑的奴隶和俘虏给他们的主人。巡捕不是军队的一部分。在第18王朝,当"美德寨"(来自努比亚荒漠的游牧民)应征入伍的时候,在武装力量中建立了一个特别的队伍,成为一支非常有效的法律执行支队。

政府由国库和贸易支撑。主要的

第二章 古埃及的统治者与军队

出口贸易由王朝政府部门专营，国王通过在边境征收关税保护国家的利益。外国商人是受到严格限制的，当外国商人获准进入埃及，他们便由政府控制，有时他们被限制在埃及境内自己所在的城市中。

地方要以金子为王室缴纳赋税，这也被用作外交的补助金，支付政府大臣的报酬。然而，国家最重要的赋税要支付给许多官员，还要为饥馑时积累粮食储备。当时经济运行的基础是实物交换体系，而收税程序依靠的是从古王国就一直实行的田地、牧群和金子的定期普查。每年国家官员都为了农业普查而被派出去测量可耕地，并编出一个土地机构和个人拥有者的名单。这使他们可以估算出土地的年产量和可能的赋税。庄稼一开始种植，巡查人员就会来做最后的赋税估算。

拓展阅读

第二中间期

第二中间时期为公元前1640年—前1550年，其间埃及再次陷入了混乱之中，王冠在一个又一个法老的头上飞快地轮换。与此同时，来自巴勒斯坦地区的希克索斯人占领了三角洲地区并创建了第15王朝，他们统治整个国家数十年。最终底比斯的第17王朝向他们宣战。在来自近东的军事装备——马和战车的帮助下，把三角洲地区从外国统治者的手中解放了出来，从而创建了新王国。

法律与刑罚

像许多古代社会一样，埃及法律明显受宗教原则支配。埃及人相信法律是由神在创世时刻传给人类的，神负有责任。这一职责集中体现为拟人化的女神玛阿特，她代表着真理、正直和正义，维持着宇宙的平衡和秩序。对于臣民来说，国王是其生死权力的唯一立法者；作为司法的最高长官，国王是玛阿特的一个祭司。作为国王代表的维西尔，则是法庭的首席法官。司法官员也都是玛阿特的祭司。

从陵墓、石碑和草纸上的记录可以断定，古王国时期提供了现存最早的法律文书。这些记录显示，到这一时期，法律体系已经很好地发展起来了。埃及法律和苏美尔法律一同成为世界上最古老的法律体系。

尽管国王对臣民及其财产有绝对的权力，但在现实中还是有王朝法律和私法的区分，财产常常是通过私法来处理的。这里没有正式的，像巴比伦汉谟拉比那样的法典，案件大部分根据先例裁决。对比其他古代社会的法律来说，古埃及的法律算是仁慈的，它们控制并规范一个基本上是守法的社会，所有阶层的男人和女人都平等对待，还特别强调保护家庭。

财产的拥有和转让是国王或私人事务的范畴。在所有权案件中，最初的拥有者起草一份特别的文书提出转让的条款，然后传给新的拥有者。该文书由三个人见证，然后将草纸卷起来并由一位高级官员封存。这些文书通常是为房产和其他价值较高的财产准备的。虽然没有发现现代意义上的遗嘱，但一个人可以在死的时候留一个转让文书将有价值的东西转让给别人。

有特殊协议保护陵墓的供应。因为家庭承担给陵墓送祭品的义务经常

古文明浅读　永恒的北非文明——古埃及文明

↑《汉谟拉比法典》局部

被忽视，所以有一项法律协议提供了一个"保证政策"以防止玩忽职守。陵墓的主人要从他的财产利益承担方设立一项"永久财产"。这是一个被挑选出来的祭司可以从中获得的一份永久性收入，以交换为陵墓提供供品的法律协定。当该祭司死去的时候，他的后代继承他的收入和义务。但是，即使有了该协议还是不能让人完全满意，供品会缩水。这样，陵墓的所有者就会求助于魔法，为陵墓提供描绘食物的壁画和模型以及一个食物清单。

虽然可能会达成私人协定，但法律体系是通过法庭来实现的。当时有两种类型的法庭：地方法庭包括一个主席之下的地方高官，他们处理大部分案件；高等法庭由设在都城的维西尔（总理大臣）负责，审判严重的案件，特别是死刑案件。法庭承认并考虑所有证据，这些证据由法官审定，经常要用文献证据特别是决定所有权案件的赋税文献。

第19王朝开始的变化标志着这一体系的退化。此时，裁决有时要通过神谕来完成。神像成为法官，其裁决通过在这个神像前进行的仪式来确定，宣读一系列嫌疑人的名字，期望神像在听到罪犯的名字时会有所暗示。很明显，该体系为腐败和滥用法律开了绿灯。

在法庭上，在审讯时，法官可以对嫌疑人使用酷刑，毒打直到他承认为止。证人也可能受到严厉的对待，这样，他们的"证据"就会支持案件想要的结果。轻罪可以罚100鞭、监禁和强迫在矿上做劳工。如果囚犯试图逃跑，他们的耳朵和鼻子有时会被割掉。

死刑有很多种方式：有些罪犯被扔给鳄鱼吃掉；作为对于某些地位高的罪犯的特别照顾，允许他们自杀；杀死自己父母的孩子要受残酷的折磨，在他们被放在荆棘床上活活烧死之前，他们的肉要被人用芦苇一片一片割下来。

然而，杀死自己孩子的父母却不

被处死，而是强迫其搂着孩子的尸体三天三夜。逃亡者虽然很少被处死，但他们要忍受巨大的耻辱。不过，如果他们后来表现勇敢，也可以恢复名誉。这里遵循的原则是，耻辱常常比死刑更糟。有时候，由于一个家庭成员的行为，全家都会受到惩罚。其他惩罚包括，男人对身为自由民的女人犯有强奸罪会被割掉生殖器；不诚实的官员会被割去双手；泄露军事机密者会割去舌头。如果男人和女人通奸，男人要接受1000下的鞭打，而女人则要被割去鼻子，或者被解除婚姻甚至被烧死。

拓展阅读

玛阿特的法律作用

在从未形成成文法的古埃及，玛阿特起着法律的神圣作用，她维系着社会的秩序，规范着人们的行为，所有法老都以玛阿特的名义统治着他的子民。几乎所有的神庙中都有国王手捧玛阿特女神，并为她奉献贡品的画面，这个简单的仪式包含着丰富的含义：玛阿特代表神赐予人类的物质世界，它在法老的管理下维持了当初的完美，现在又由法老将其成果奉献给神。当国家动荡，社会秩序被打乱的时候，埃及人会说：玛阿特被弃之一旁，等待着贤明的君主使她重获荣耀。

古文明浅读 永恒的北非文明——古埃及文明

健全而威武的陆军

在第 15 和第 16 王朝希克索斯人统治埃及之后，第 18 王朝的埃及法老们清楚地意识到建立一支专职的国家军队的必要性。新王国的统治者们第一次决定创立一支杰出的能够打退外国侵略者的军事力量。这支可能由阿赫摩斯一世开始建立的军队在全国范围内组织起来，有专职的士兵，也有军官。这取代了早期国王（国王从第 18 王朝才开始称为法老，两者的指称意义完全是一样的）打仗或远征，政府必须从当地征募士兵的制度。第 18 王朝的法老们期望建立一个大帝国，这就需要加强军队的建设。

↑古埃及士兵泥俑

组织与征兵

法老是总司令官，在重大战役中领导军队；王子或军官通常负责较小的征战。维西尔（总理大臣）也是作战部长，他们有军队的顾问委员作为辅佐。这支军队每 5000 人分为一个师，每个师都以主神的名字命名。师中包括步兵和车兵，都受国王或一位王子的指挥。战斗前，国王听取年长大臣的建议，决定作战顾问的人选。

在中王国，步兵包括两个团——年老的士兵和没经验的年轻人。在以后的时代里，格局发生变化：步兵包括新兵、受训兵和特殊部队。第18王朝期间，从努比亚征召一些新兵，从阿蒙霍特普三世开始征募战俘，这种做法在第19王朝拉美西斯二世统治时期一直持续。在以后的时期，军队中有许多外国人。在新王国中，通过征召招募新兵已成为习惯。这样，在拉美西斯二世统治时期，被迫在军队中服役的人口比例已经达到每10人中就有一个。

除了征召之外，还有人选择军人作为自己的职业。在拉美西斯统治时期，上层阶级中就有许多军队的军官。在军队服役给他们提供了快速积累财富和提升的机会。军官是从这些职业的士兵中选拔出来的。此外，因为国王相信自己可以依靠这支军队，从他们的成员中挑选出像王子教师这样重要的宫廷官员。其他人加入并留在部队中的动机，包括通过战斗获得战利品，得到大量财富——法律保证国王给予职业军人的土地只由他们同在服役的儿子继承。

车兵

车兵可能是在希克索斯人统治埃及的时候出现在军队中的。车兵被划分为队，每队有25辆战车，由一位"驻地战车御者"指挥。每驾战车有两个轮子，由两匹马拉着；战车上有两个人——御者和战士，战士有弓和箭、一张盾牌、一把剑和一支标枪。"陛下第一御者"为国王驾车，拥有很大的权力；他的其他职责包括出国去挑选种马。另一个重要的职位是王家马厩总管，他负责训练王家马匹。其他马厩管理者负责喂马和驯养马匹。但是很令人意外的是埃及没有骑兵，这一点很让人费解。

↑古埃及器皿上的人与马

雇佣兵

雇佣兵的使用对埃及的军队来说

非常重要。在古王国，军队包括需要援助常备军的时候指派的各个诺姆或地区的民兵。然而，在新王国，雇佣兵部队成为新的职业军队的一个重要成分。来自努比亚部落的麦德查人，参与到军队和国内维持治安的部队中来；过去的战争俘虏或敌人，比如说舍尔丹人和利比亚人，也成为埃及的士兵。他们是非常重要的，他们的首领或统帅被指派来控制和指导他们的工作。

事实上，到了新王国的晚期，外国雇佣军可能形成了埃及军队的主要部分。甚至在阿蒙霍特普四世统治时期，国王的个人保镖也包含有努比亚人、利比亚人和叙利亚人。从第18王朝末期到第20王朝，外国官员和军队比埃及人的军队更受喜爱。大量的被征服的海上民族和利比亚人联军的军人（舍尔丹人、凯赫克人和美什维什人）从第19王朝开始进入了埃及军队。他们在埃及军队中由自己的首领指挥着作战。在海上民族与利比亚人以及麦任普塔赫与拉美西斯三世的战争中，这些部落的一些成员为双方作战。后来，这些利比亚人雇佣军的后裔在第22王朝和第23王朝成为埃及的统治者。在从第26王朝到第30王朝期间，埃及法老从希腊和卡里亚雇用雇佣军来支持他们的统治，并在他们的军队中引进了新的思想和技术。

军事指挥链

从士兵拥有的头衔可以推测到当时最低级别的指挥官被称作"50人中的最伟大者"，在他之上是负责200人的扛旗人，然后是另一位高一点儿的指挥官——250人的指挥员；再往上是部队的统帅。部队的指挥官一般可以指挥一个旅、几个团或一个要塞；他要对卫戍部队指挥官负责，而卫戍部队指挥官又要对要塞指挥官（有两个要塞指挥官，一个负责努比亚边境，一个负责地中海沿岸）负责。然后是作为一位老资格的军官出现的副指挥官、总行政长官和军队的指挥官，其上级是军队的总指挥官。

治安部队

治安部队不是军队的一部分，其实它就是警察部队，它的存在是为了维持神传下来的秩序并保护弱者不受强者的欺侮。农村的治安部队有许多职责，他们保护农民不被偷盗，免遭攻击，并用说服或者强制的手段让农民缴税。陵墓壁画描绘了不缴税和欺诈的人是如何受惩罚的：犯人被迫俯卧在地上，治安人员抽打他们。治安

↑古埃及士兵（左二）国王（中）和战车驭手

部队一般维持秩序并把麻烦制造者从当地赶走。

其他治安部队巡逻荒漠边境，用狗搜寻出制造麻烦的游牧民或逃跑的俘虏。在第18王朝，麦德查人（来自努比亚荒漠的游牧民）被登记加入埃及的治安部队，执行保护埃及城市的任务，特别是在底比斯西部地区。在更早儿一点的时候，麦德查人就作为雇佣兵加入了埃及的军队，当时，他们帮助埃及人驱除希克索斯人；后来他们很好地组织起来，充任治安警员，很快融入了埃及社会。

在底比斯，代尔—麦地皇家大墓地工人城镇的记录为我们提供了麦德查人充当皇家陵墓建设期间的守护人角色的详细情况。他们可能有8个人，主要的职责是确保陵墓的安全，向底比斯西部的市长负责。麦德查人也要保证对工人的经营管理，无论什么时候，都要就保护他们摆脱危险，比如，新王国晚期威胁共同体的利比亚人的袭击。麦德查人的其他责任还有审问盗贼，执行惩罚，检查陵墓，充当各种管理功能的见证者，传送消息和公函。有时候他们还得帮助官方劳作，帮助官方运送石头。

虽然麦德查人与代尔—麦迪纳的共同体联系紧密。但他们从来没有住在村子里面，而是住在古尔纳的塞特斯一世神庙和美迪奈特哈布的拉美西斯三世神庙之间的西岸。他们也没有埋葬在皇家工人墓地。这个区别可能是为了确保他们在处理共同体事务时保持独立、公正。西岸的治安部队当然还负责抓捕参与盗窃皇室陵墓的盗贼。在拉美西斯十世统治时期，有文件记录有60人因为被怀疑犯有这项罪而被逮捕。这些被捕者有些是当地人，有的则来自其他临近地区；他们大多是低职位的官员（包括祭司和书吏），他们可能得到了妻子的帮助，结果她们也被逮捕。他们将偷的财产被卖掉，

第二章 古埃及的统治者与军队

其中一个盗贼因为分赃太少而被惹恼，最后把他的同伙举报给了治安部队。

治安部队无疑在带给人们正义，维持法律和秩序中扮演了一个重要的角色。他们可以对犯人使用鞭打作为对小的罪过的正规惩罚，但埃及社会基本是守法的，治安部队不被看作是一种极端好斗的力量。至少，他们作为守护者、保护人的角色和他们作为惩罚者的角色一样重要。

特殊部队

古埃及也有特殊部队。被称为"国王的勇士"的是一支具有强大攻击力的精锐战斗部队，它作为卫戍部队驻扎在国内或国外，有时候充当国王的勤王部队。其中有的是"扈从"，他们最初可能是皇室的保镖。在第18王朝中期，他们开始负责给部队分发物品。到了拉美西斯时期，他们充当信使。

赫列姆赫布政令（第18王朝末期）显示，古埃及军队在国内的时候被划分成上、下埃及两个军团；每个军团由一位对总指挥官负责的副指挥官率领。他们驻扎在边境的堡垒里，对付骚乱，护卫皇家队伍和公共庆典，可能也为公共建筑提供劳动力。

拓展阅读

古代利比亚人

古代利比亚人是柏柏尔人、图阿雷格人和图布人。公元前7世纪左右，迦太基人入侵古利比亚人的家园。公元前201年，利比亚人在反抗迦太基统治的斗争中建立了统一的努米底亚王国。公元前146年，罗马人入侵利比亚。7世纪，阿拉伯人打败了拜占庭人，征服当地的柏柏尔人，带来了阿拉伯文化和伊斯兰教。

武器与装备

制造武器的材料

从古王国时期到中王国时代，埃及的武器和装备与其他非洲及巴勒斯坦邻国的武器和装备几乎没有什么区别，没有多少变化。在前王朝时代，战争舞蹈中曾经出现过投掷棍，这种木棍如果投掷方式得当，它会重新回到投掷者的手中。实际上，它只用来在三角洲的沼泽里打鸟。在古王国和中王国，士兵使用投石器或弓箭进行远距离作战。弓有不同的类型，埃及人的弓有一个弯，而努比亚人的弓则有两个弯。近战的武器，士兵使用的是矛、剑、杖和斧，都是用锻铜或石头加上木柄制成的。

到了第12王朝，青铜开始取代黄铜，但在武器上却没有什么变化。他们同时保留了石头和金属的工具和武器，这是埃及人的传统。这种先天的保守意味着他们在武器方面从来没有超过他们的邻居。为了保卫自己，步兵使用木头裹上皮革、表面有弧度的长方形盾牌，这些盾牌是从前王朝时期用海龟壳制造的盾牌演化而来的。

一般说来，好用的传统样式的武器比较受人青睐。例如，在其他民族都用上插座式斧子（这种斧子的斧刃用一个插座装在斧柄上）的时候，埃及人仍继续使用有柄角的斧头（这种武器在中王国很普遍，带有一个凸起的斧刃由柄角装在斧柄上）。随着时间的推移，此种斧子还是有一些变化：斧刃变得短了，刃变得更窄，就像画在图特卡蒙墓中木箱子盖上的步兵手中的斧子和在卡纳克神庙墙上浮雕中士兵使用的斧子那样。当时的箭杆用芦苇制造，箭头则多用青铜制成。

第二章 古埃及的统治者与军队

武器与铠甲

在早期，士兵在短裙上穿皮制的三角形围裙作为保护的战衣。新王国开始使用的铠甲外衣在第18王朝中期还很稀少，只有国王才穿。考古学家在马勒卡塔的底比斯王宫里发现了一套青铜的胸甲。此时，士兵穿用皮革或布料制成的覆盖金属鳞片的束腰外衣。

在晚埃及时期，除了舍尔丹人（外国雇佣兵）之外，士兵可能不戴头盔，舍尔丹人则有真正的头盔，并装备有长剑和圆盾，这是他们最初的全套战争服装。一般说来，埃及人允许雇佣兵使用他们自己的武器，这样就增大了军队的杀伤力。例如，在新王国的大型战斗中，埃及人用了战车、箭、剑和斧头，而努比亚人在战斗中挥舞的是硬木棒，舍尔丹人用的是长剑。新王国时期，法老被描绘为穿着赫普瑞什或常被错误地认定是皇家的战斗头盔的蓝冠。事实上，这是一顶象征胜利的王冠，而不是在战斗中戴的头盔。

其他军队装备还有云梯，壁画中就有一些士兵攀登敌人的城墙或堡垒或突破敌人大门时的描绘。没有证据证明攻城锤用在了叙利亚和巴勒斯坦的战役中，可能因为将它们从埃及运来用于长途作战很困难。当时的军队有一个牢固的支持系统，使之在国内或国外都能集结和管理。这些工作是军队书吏的责任。当部队在国外作战的时候，他们从沿途的地方长官那里获得供给，并且列出战斗之后获得的战利品的清单。驴和牛拉的货车在战争中负责运输。拉美西斯二世在叙利亚的卡迭什战役中使用的运输工具是牛车和骡子等牲畜。在图特摩斯三世的战役中，牛车将叙利亚沿岸比布鲁斯建造的船从陆路运输到幼发拉底河。

新王国之后几乎没有关于武器和装备的文字证据，显然没有大的革新。后来，希腊雇佣兵给武器带来了一些变化，但保守的埃及人在进入铁器时代之后继续使用青铜武器。埃及缺乏自己的铁矿，又不愿意改变现状。最终，拥有丰富的铁矿资源和新武器的亚述人建立起自己的帝国并征服了埃及。

装备的创新

在新王国和之后的时期，革新以武器装备由亚洲传来。这些创新首先发生在希克索斯人统治的末期。虽然埃及人在战争中使用他们的传统武器赶走了希克索斯人，但他们最终接受了一些希克索斯人的军事装备并且为己所用，这在以后的几个世纪里，对他们的军事组织

↑古埃及的弓马骑射

和战术都有很大的影响。

希克索斯人在他们统治埃及的时代快要结束时，试图从北方获得新的技能和战争技巧来战胜埃及人。这些技术包括进步的金属加工技艺，一种很大的围着护城河带有土墙的特殊堡垒，马拉战车、亥俳仕剑和复合弓等武器以及防护铠甲。

亥俳仕剑（镰剑）同亚洲人使用的弯形剑一样，可能是从迦南引进的。它从新王国开始成为埃及武器的一部分，也出现在神庙的壁画里，由神作为他战胜敌人的一个承诺送给国王。埃及战车在设计上同迦南战车一样，也可能是从迦南引进的。希克索斯人在埃及的最后的时期，在与埃及人的战斗中使用了马拉战车。

在新王国陵墓里发现的埃及战车是用软木料包上皮革制造的。最早的战车有4个辐条的轮子，但到了图特摩斯四世统治时期，迦南的影响消失，他们通常使用6个辐条或8个辐条的轮子。在拉美西斯二世统治时期，进一步的革新为战车加上了一件投掷标枪用的特殊的箭囊。

拓展阅读

胡里安人

公元前1800年左右，一个新的种族从亚美尼亚山区进入平原地带，这就是胡里安人，一个在语言上与塞姆语、苏美尔语以及印欧语没有任何关联的种族。胡里安人最终打败了古亚述人，向西穿越美索不达米亚平原北部进入叙利亚，甚至进入巴勒斯坦地区。作为一种政治力量，胡里安人并不重要，但他们在文化史上却扮演了非常重要的角色。他们使用楔形文字，更为重要的是他们借鉴巴比伦的宗教思想，并把它们直接传播给赫梯人和希伯来人，间接地传播给了希腊人。

第二章 古埃及的统治者与军队

古文明浅读 永恒的北非文明——古埃及文明

多功能水军

水军的作用

埃及水军的主要责任是向远方运送军队，提供给养，有时候也参与作战。在第18王朝期间。埃及水军在叙利亚战役中起到了非常重要的作用。当时，埃及正在建立并巩固它的帝国。在第20王朝，埃及人驱逐海上民族和他们的同盟军，水军再一次扮演重要角色。然而，从根本上说，水军在战时被看作是陆军的运输队，维护陆军建起的基地；在和平年代，它对贸易的发展作出了极大的贡献。

考古发现的铭文材料为我们提供了关于埃及水军的详细情况。奋起驱逐希克索斯人的底比斯王子卡莫西斯，留下了记录他讲述使用军舰的情况：在驱逐希克索斯人的军事行动中，军

↑古埃及人的帆船

舰成为可移动的基地。一幅拉美西斯三世神庙墙上的浮雕也展示了船既被用作战斗，也被用作运输。底比斯代尔—巴赫里的哈特舍普苏特神庙中的浮雕为我们提供了一份生动的远征记录，那是经过红海前往庞特的图画。这

件事发生在哈特舍普苏特统治时期。杰贝勒—巴卡尔石碑描述的是，每年在叙利亚沿岸的比布鲁斯造船，然后随其他贡物一起送往埃及。这样，尽管埃及自己缺少造船的木材，埃及人也可以拥有定期造出高质量船只的能力。

比布鲁斯在提供图特摩斯三世越过陆地渡过幼发拉底河打击米坦尼人的战役的船只方面也起到了非常重要的作用。图特摩斯三世在第六次叙利亚和巴勒斯坦战争期间用船运送部队到达沿海地区，还曾沿着腓尼基海岸城市航行，从一个港口驶向另一个港口，并征服这些港口，为他的军队下一次进攻获得给养。随后，图特摩斯三世定期视察并装备这些港口，以保证当他在陆地上进军扩展对米坦尼人的打击范围的时候，这些港口能为军队提供给养。甚至当埃及的势力在第18王朝晚期衰落的时候，这些叙利亚港口仍然很繁荣。

除了这些沿岸基地之外，埃及人还在国内建立了他们的水军中心。一个叫作佩儒—内弗尔的造船场在孟斐斯修建起来，可能在第18王朝图特摩斯三世和阿蒙霍特普二世统治期间作为主要的码头和水军基地。船只从这里驶向巴勒斯坦和叙利亚。

水兵与军官

大多数关于埃及水军组织机构的材料都来自瑙瑞法令和各种军官的自传。这些材料显示，新兵都是职业的水手，常常为军事世家的子弟。他们通常在战船上服役。起初，他们被指派来训练船员，接受一个训练划手船员的旗手的指挥，然后加入到船员当中去。虽然每条船上的船员数量都没有材料记载，但显然各条船都不一样。底比斯一些陵墓的壁画上显示，水手穿的是特制的皮围腰的衣服。

在船上，水手负责指挥划手；水手的上级是旗手。然而，航行是在船长和船长助手的控制下进行的。他们的上级，可能指挥许多条船。在旗手之上是部队的指挥官，他们通常由老人担当。这样的任命好像是基于陆地的建制，而不是活跃的海上水军的建制。在水军官阶的顶端是水军总领，对总统帅（加冕王子）负责，总统帅直接听命于国王。水军人员的提升可能是升到一个更高的级别上去，也可能是升到一艘更大的船上去，有时候一个人会从船上转到陆军部队去。

士兵和水手的服役条件有很大的区别，一些文字材料描述了他们生活的痛苦。然而，与他们不得不经常忍受的艰苦环境相对应的是补偿。在新王国，他们享有很多奖励，包括有权使用战争的战利品。有些情况下，他们还会有因勇敢作战而获得王朝的奖赏——黄金。

陆军和水军士兵最终不仅成了埃及的职业战士,埃及还有了诸如努比亚人、叙利亚人、巴勒斯坦人的外国雇佣兵,到新王国结束的时候,还有利比亚人和海上民族加入进来。

↑ 古埃及的纸莎草船

战船与航海

埃及人是有着在尼罗河、运河、湖泊和海上航行广泛经验的熟练水手和航海者。最早的船是在尼罗河上运送物品的纸莎草小船,即使是在前王朝时期,就已经建造了带有桨和船舱的精巧的船,和其他陆地很早就有贸易来往。有证据显示,各种各样的造船工艺为了不同的目的而发展起来:有船头船尾的坐船、长船,运送死者渡过尼罗河到墓地,或驶向奥西里斯圣城阿比多斯,或驶向天堂的丧葬船,以及运送动物、粮食或石头的驳船。

在新王国时期,人们建造了特殊的战船,并进行了几大革新。这之后,舰队没有什么大的改变,直到第26王朝,希腊和腓尼基雇佣兵的出现带来了新的特点。然而,在新王国,被称作比布鲁斯和克里特的船出现在埃及水军中。比布鲁斯船可能是埃及人特别为到叙利亚沿岸的比布鲁斯去而建造的,也可能指的是一些在比布鲁斯和其他叙利亚海城建造的船。这些船可能是以图特摩斯三世进攻叙利亚期间的战利品,后来埃及的水军依照这种船为模型造船。虽然人们知道在第五次战役中有两艘叙利亚船被俘获,但这两条船可能被当作埃及的货船而不是造船技术的原型。在图特摩斯三世统治之前数百年,埃及人就已经沿红海航行到庞特了,他们早已有了卓越的航海者和贸易者的名声。在很早以前,他们就建造了航海的木船。"比布鲁斯船"很可能指的就是航行到比布鲁斯而不是在那里建造的船。同样,克里特船可能是一种船的类型，而不是最初建造此船的地方。

在法老时代，船用于宗教和丧葬活动，运送节日人群和送葬的人；在帝国（范围从叙利亚到努比亚）周围运送货物，通过红海前往庞特；用于军事行动，无论是和敌人作战还是运送士兵及装备支持军队。在埃及国内以及叙利亚沿岸的比布鲁斯都有永久性的造船船坞，在那里为埃及造船。来自埃及的木材和从黎巴嫩进口的木材经过比布鲁斯运往三角洲的船坞造船。

有的建造得非常好的船有约60米长，上面有甲板和船舱。在早期，将许多块大木板重叠在一起，用绳子固定在一起，然后用树脂防漏。

用来推进这些船只的桨排列在船体的两侧；在船尾加一个橹当作舵来使用，或者加两个大橹设置在船尾的分叉处，其中一个通过绳子提起来用来控制船的方向。

在埃及和努比亚，一些军队是用船运送的。在埃及与它北部邻国的关系中，叙利亚的岸边城市比布鲁斯更为重要，埃及与其居民的密切关系从第二王朝直到托勒密王朝时期，只是在埃及面临国内困难的时候才中断。松类木材从比布鲁斯和近郊进口，也从黎巴嫩北方进口。比布鲁斯的统治者不仅与埃及人进行贸易，还为他们提供军事远征的供给和船只。

埃及人通过海路前往庞特。这个被称作"香料之地"或"神的土地"的地区是埃及人获得用于他们神庙的香料的地方。埃及与庞特的关系可以追溯到早王朝时期，可能有几分埃及方面的军事强迫，双方并不是平等的贸易伙伴关系。

埃及人是卓越的水手，他们不仅在尼罗河上如此，在他们驶向别国的水域时也是如此。然而，他们的水军对敌人的最大胜利并不是发生在国外，而是新王国晚期他们被迫保卫三角洲入口不受海上民族和其同盟军侵入的战斗。

拓展阅读

腓尼基

公元前13－前11世纪，在今天的叙利亚境内，西临地中海，东倚黎巴嫩山，北接小亚细亚，南连巴勒斯坦的地方，活跃着一个不知从何处来的民族，它的名字叫"腓尼基"。"腓尼基"在闪米特语中的意思是"紫红"，这同他们衣服的染料有很大的关系。腓尼基和犹太人是近亲，同属于西闪米特民族，对希腊和希伯来文化有巨大深刻的影响，后者是现代欧美文明的基石。

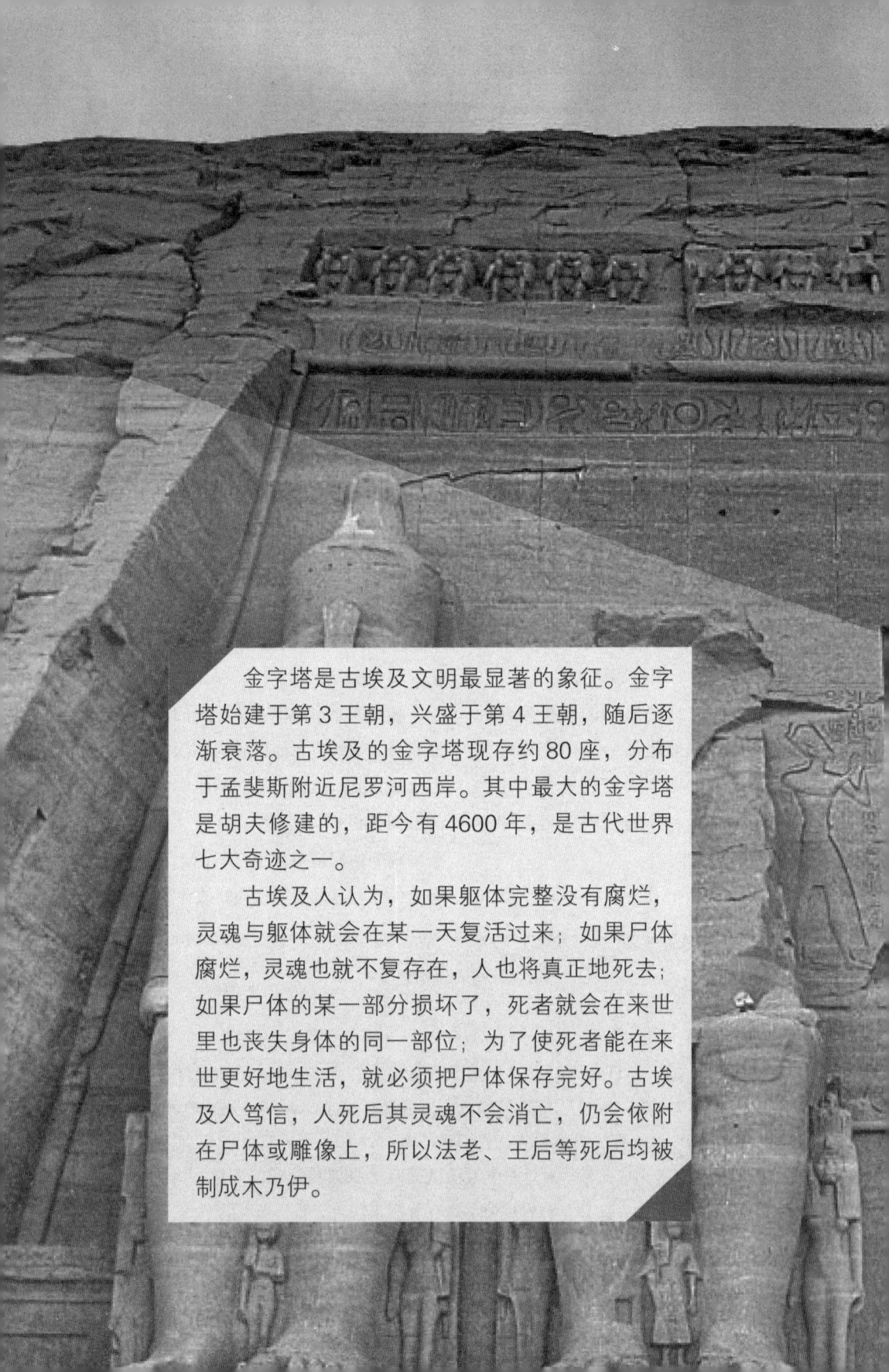

金字塔是古埃及文明最显著的象征。金字塔始建于第3王朝，兴盛于第4王朝，随后逐渐衰落。古埃及的金字塔现存约80座，分布于孟斐斯附近尼罗河西岸。其中最大的金字塔是胡夫修建的，距今有4600年，是古代世界七大奇迹之一。

古埃及人认为，如果躯体完整没有腐烂，灵魂与躯体就会在某一天复活过来；如果尸体腐烂，灵魂也就不复存在，人也将真正地死去；如果尸体的某一部分损坏了，死者就会在来世里也丧失身体的同一部位；为了使死者能在来世更好地生活，就必须把尸体保存完好。古埃及人笃信，人死后其灵魂不会消亡，仍会依附在尸体或雕像上，所以法老、王后等死后均被制成木乃伊。

第三章

神奇的金字塔与神秘的木乃伊

具有创造性的梯形金字塔

古埃及的金字塔，现在人们一般认为它是法老的陵墓。并不是从一开始法老为自己建造的陵墓就是金字塔。法老最开始的陵墓叫"马斯塔巴"，它的意思是板凳，是埃及古王国之前王族的墓葬形式。坟墓多用泥石建造，呈梯形六面体状，分地下墓穴和地上祭堂两部分。墓中一般有众多墓室，不仅用于放置死者尸体，还放置陪葬者尸体。此外还有用于放置食物、用具和衣物的墓室。

马斯塔巴形式的王室坟墓一直沿用到第3王朝，一个人的出现改变了这一切，这个人就是伊姆霍太普。据说他是平民家庭出身，因为有惊人的智慧和渊博的学识而受到乔塞尔王的器重，被破格委以重任，直至成为国家的第二号人物——宰相。

伊姆霍太普为重用自己的乔塞尔王别出心裁地修建了一种新墓。从考古发掘的结果获知，这座高61.2米，底边东西长143米，南北125米的梯形金字塔，前后经过6次设计、扩建。

专家推测，墓室可能是这样建造的：先在岩石上挖一口28米深的旱井，并凿台阶通到井底。井底每边长7米，建两室作为卓瑟王的殡室。两室之间有门相通，门上绘有用古埃及象形文字书写的国王名字和谥号。殡室本身无门外通，只能以天花板上一个圆洞作为出口，连通上面的房间。洞口用一块约3吨重的石块堵住，经一条20米长的甬道通往墓外。殡室四周有4条甬道，堆放各种随葬品。地下墓室建成后，在地面上盖第一个"马斯塔巴"，接着往上盖第二个，直到盖上第六个。越往上，"马斯塔巴"的体积越小。这样墓的外形呈六层阶梯状，故被称为"梯形金字塔"。

梯形金字塔全部用上等的白色石

灰石砌起来，在金黄色沙漠背景的衬托下，显得十分壮观。它的内部装饰更是豪华多彩。用来支撑屋顶的石柱被漆上颜色，以获得木柱般的效果。扁倚柱则像盛开的纸草花或荷花。地下的房间则用蓝绿色的砖砌成假门，门上画着卷起的芦苇门帘。整座建筑气势恢宏、富丽堂皇。

有专家认为，梯形金字塔与对星星的崇拜有一定联系，不过后来真正意义上的金字塔才是太阳神崇拜的象征。梯形金字塔虽然很快被更高更大的建筑物所超越，但从朝圣者的壁刻记载可以看出，直到拉美西斯二世时代，它仍然是令人敬畏的。

作为金字塔的鼻祖，梯形金字塔掀开了古埃及建筑史上新的一页。它不仅第一次创造了近60米高的建筑奇迹，而且成功地建造了一组完整的轴对称布局的建筑。此塔的修建是埃及建筑史上的一次创新与革命，它首次用石头代替砖作为建筑材料，成为目前世界上发现的第一座大型石造建筑。它在设计思想上开拓了通向真正金字塔的道路。

↑古埃及梯形金字塔

第三章　神奇的金字塔与神秘的木乃伊

拓展阅读

伊姆霍太普

伊姆霍太普（公元前2667—前2648年），有人说他是乔塞尔王的儿子、孟斐斯的真神、人间的智者；有人说他本来是一名普通百姓，由于他的超凡智慧，他扶摇直上，成为法老王身边的重要大臣。之后，他又成为希利奥波里斯的最高祭司，主持大型祭祀仪式。他的名声在其死后仍然长存，在新王朝时期，他被尊崇为文化守护神。后来，他的形象更趋多元化，成为专门守护孟斐斯城市的神祇，具有医治能力，尤其懂得利用植物草药医治各种疾病。希腊征服埃及后，将他归纳为希腊的医药神阿斯克勒庇俄斯门下，并为他建庙筑殿。他的名声因此得以更为广泛地传扬，扩展至阿拉伯国家，直至近代7世纪。

闻名于世的吉萨三大金字塔

吉萨位于开罗西南 16 千米的近郊，是古王国孟斐斯墓地的一部分，由于这里保留了金字塔中最壮观的第 4 王朝的胡夫、哈夫拉和孟考拉的三座金字塔而闻名于世，并且成为世界各国旅游者云集游览的胜地。

↓吉萨的三大金字塔

第三章 神奇的金字塔与神秘的木乃伊

世界第一的胡夫大金字塔

胡夫是斯奈夫鲁王之子，第4王朝第二王。胡夫金字塔位于吉萨的岩盘丘陵地带，是世界上最高最大的金字塔（也被称为大金字塔），高146.5米，现损减为137.2米；基底边长原230.38米，现为227.5米；倾斜角度为52°。其塔身共计250层级，共用了约230万块、平均每块2.5吨重的石材，其大者有15吨重。大金字塔的核心部分是用当地产的石灰石砌筑的，最初铺盖金字塔的外层磨光的灰白色石灰石块几乎全部消失，只是在北侧基底部分还残存若干砌石。金字塔的拱门式入口在北侧，接近中央地方的层级第13阶，离地面约20米高。在原洞口的左下方10米处，还有一个后人开凿的洞口。如今的参观者都是通过这个洞口进入金字塔的。

从经过约100米的通道到达塔底正中间离地面30米深的地下室，室高3.5米，宽14米。这个墓室已被放弃。在离入口约20米高的通道中间另辟一条上坡通道，通向一间位于地面之上约6米高的中心线上的墓室，此室通常称为"王后间"。在这之上还有一条宽大走廊，长8.4米，宽1.8米，高3.1米，其尽头就是胡夫王墓室，又称"国王间"。此室高5.8米，宽5.2米，屋顶石板重约50吨，大致位于金字塔的中心。墓室内西侧壁附近安放一口石棺，没有棺盖。"国王间"离地面约有40米高，在它上面约17米处还有5层高约1米的"缓冲室"。最上层的顶盖是三角形的，以便减轻塔身顶部对墓室的压力。在国王墓室的南北两侧，还有两条通风口直达塔身外面，以保证墓室内空气流通。

目前，我们所能知道的胡夫大金字塔的设计仅仅是这些。由于"国王间"的石棺粗糙，还保留锯切的痕迹，也没有精细的装饰，这引起了研究人员的怀疑。人们猜想似乎还有一个豪华的埋葬间。根据美国斯坦福大学音响学的调查，在"国王间"和"王后间"之间还有一间埋葬室。此外，据推测在21米和33米深处另有墓室。

大金字塔的卓越成就使它赢得了世界七大奇迹之一的美名。在大金字塔身上凝结了古埃及人民的智慧和力量，它不仅在建筑艺术上创造了辉煌的业绩，而且体现了古埃及人在天文学和几何学等方面的伟大成就。

除了金字塔的主体工程外，在大金字塔东侧，原有一座葬祭庙（上庙），通过一条砌道与河谷庙（下庙）连接在一起。在大金字塔东侧附近还保留了3座附属的小金字塔。其中南端的金字塔最高，现为11米，是胡夫王妃海努特森的金字塔。在它的东侧，建造了一座圣堂，被称为"金字塔的夫人——伊西丝"祠堂。在北端的一座是胡夫之母的金字塔。

在大金字塔的东、南、西侧还分布一些王室人员和贵族的马斯塔巴墓。这些小型墓围绕在大金字塔的周围，似乎表明那些王妃贵族大臣在君主死亡后，还要在"地下世界"永远追随着君主，为其效劳。

哈夫拉金字塔

在胡夫金字塔西南160米远的地方，有一座胡夫的继承者哈夫拉的金字塔，通常尊为第二金字塔。其塔基每面215.25米长；高143.50米，现为136.50米；塔身倾斜面53°11′。金字塔基底残存一部分阿斯旺产的红色花岗岩石覆盖面。塔身覆盖面的大部分已风化瓦解，在塔顶斜面上方1/4少部分残存的原有的覆盖面，是图拉产的美丽的白色石灰石，如今已风化变成暗褐色。

哈夫拉金字塔与其东侧的葬祭庙、砌道和河谷庙一起构成了一座完整的金字塔群，它是古王国时代金字塔群体建筑的典范。葬祭庙是国王下葬或每年举行祭祀的地方。它由入门大厅、露天庭院（祭坛）、壁龛（5个王像）、库房和神殿构成，现已变成废墟。河谷庙位于河岸边，现留下部分残垣断壁。下庙东面有南北两个出入口，进门向北或向南经过短的过道通向一间长的前室，从那里再向东经过一条短过道进入一个大厅，前面有一排南北向的6根整块方形红色花岗岩石柱。在其第三、第四根石柱西侧的东西向的大厅，又排列两行各5根的石柱，形成一个面向东的T字形大厅。花岗岩石柱上面的横梁同样也用红色花岗岩筑成。送葬队伍把遗体由尼罗河运到这里，制成木乃伊，并举行各种仪式，保证木乃伊继续"活"下去。然后，再把木乃伊入棺，通过砌道运送到上庙，由上庙再搬送到金字塔中。连接上庙和下庙的砌道

↑哈夫拉金字塔

494.60 米长，用石块铺砌，并有矮墙护卫。然而砌道的后一部分现已荡然无存，只能看到前面一小部分的残迹。

孟考拉金字塔

哈夫拉的儿子孟考拉王的金字塔，位于哈夫拉金字塔的西南 200 米远的地方，塔基边长为 108.5 米，高为 66.50 米，倾斜角为 52°。塔身上层表面覆盖着图拉产的白色石灰石，下层表面是阿斯旺运来的红色花岗岩，正如希罗多德所言，"有一半高度是用埃塞俄比亚石修建起来的"。孟考拉的金字塔保存尚好，它的北壁紧接地面，有一人高的两块大石板支撑着入口。位于金字塔中轴线地面下，有两个埋葬间。孟考拉金字塔的附属建筑已成废墟，孟考拉河谷庙中出土的硬砂岩雕成的孟考拉王与两座女神像栩栩如生，在开罗博物馆展览。在孟考拉金字塔南侧有三座王妃金字塔，保存基本完好。

↑ 孟考拉与王妃双人立像

拓展阅读

哈夫拉

古埃及第四王朝第三位法老哈夫拉，希腊人称他为希夫伦，约公元前 2558—约前 2533 年在位。哈夫拉名字的意思可能是"拉的王冠"，他是胡夫之子或兄弟。哈夫拉继承了胡夫的王位，在吉萨建立了世界上第二大金字塔——哈夫拉金字塔和狮身人面像。关于他的身世人们知之甚少，一些学者甚至怀疑狮身人面像不是由哈夫拉建造的。在胡夫和哈夫拉之间，极有可能还有过一个法老——代得夫拉。

胡夫金字塔之谜

在古埃及所有的金字塔中，胡夫大金字塔以其严密的结构、宏大壮观的规模而最受世人瞩目。它是世界七大奇迹中仅存的一个硕果。关于大金字塔的建筑方法，古埃及人没有留下任何记载。考古学家只是发现了杠杆、滑轮、石锤和铜凿，而无任何其他的辅助工具，即使现代的工程师对古埃及人的建筑技术也感到吃惊。

巨石来源之谜

胡夫金字塔大约由230万块石块砌成，外层石块约115 000块，平均每块重2.5吨，大的甚至超过15吨。假如把这些石块凿成平均约30立方分米的小块，把它们沿赤道排成一行，其长度相当于赤道周长的2/3。

这么多石块是从哪里来的呢？有人认为吉萨附近就可以供应大部分石头，采石场在大金字塔建筑地点南面，约有1500名采石工人在那

↑胡夫金字塔入口

第三章 神奇的金字塔与神秘的木乃伊

古文明浅读 永恒的北非文明——古埃及文明

↑胡夫坐像

合剂，不仅在古籍中没有记载，而且这位化学家用了现代化的手段也还没有分析出来。

巨石运输之谜

假如石块是从采石场凿下来的，在当时的条件下又是怎样运输的呢？要知道那时的埃及既没有马，也没有车。车和马是公元前16世纪，也就是建筑胡夫大金字塔1000年以后，才从国外引进的。

有人认为当时人们是用撬板圆木棍运法，但是这种方法需要消耗大量的木材，而当时埃及的主要树木是棕榈，无论是数量、生长速度，还是木质硬度，都远远不能满足运输的需要。难道木材都是从外国进口？这样一来建筑的难度也许更大。

有人认为，在吉萨当地有一种很特别的黏土，在黏土铺就的路面上洒水，沉重的石块就可以在上面滑行，但水量的控制很重要，如果水量不够反而更加费力。在不适宜洒水的地方，工匠们就在路面上铺圆木，让巨石在圆木上滚动前进。

有人认为当时人们使用的是水运法。考古人员在埃及吉萨30多米深处发现了一个至少50米深的岩壁，这可能是埃及第四王朝时开凿的港口。后

里工作。由于铜是古埃及人当时掌握的最硬的金属，因此每名采石工人配有一把铜制凿刀。工人们用铜凿刀将巨石凿开小孔，打入木楔，并在上面浇水，木楔浸水膨胀的力量就可以将石块胀裂。由于铜凿刀敲击数十下后就会变钝，因此需要另一组人用火将钝凿软化，磨利后过水降温，以便石匠们再次使用。

一位法国工业化学家从化学和微观的角度对金字塔进行了研究，他认为，这些石块并不是浑然一体的，而是石灰、岩石、贝壳等物质的黏合物。因为使用的黏合剂有很强的凝固力，所以人们几乎无法分辨出它到底是天然石块还是人工石块。这种杰出的黏

来，又有人还发现了连通港口的水道。然而在没有滑轮，没有绞车，没有足够先进的起重设备的情况下，让这样笨重的巨型石块下坡、上船、起岸，比在陆地上撬运还难。何况水面和岩岸至少有15米以上的落差！而且尼罗河西岸的金字塔又非得尼罗河东岸的石料不可！除了陆运、水运，难道他们空运不成？这真是一个谜。

巨石砌垒之谜

那么，这些搬运到工地的大石块又是如何砌垒成金字塔的呢？现代埃及学家推测古埃及人采用了"斜面上升法"，即从采石场用麻绳牵引移动石块到场地，再在金字塔的每一阶层的每一边上建筑起一个高的斜坡通路运送石块；也有人认为是在金字塔的一个侧面采用梯形斜面的更简便的方法。

有人认为，在修建金字塔的过程中，古埃及人可能是利用风筝将大量巨石运上金字塔顶端的。他们还特意邀请了几位航空工程专家对自己的理论进行验证。工程专家根据数学原理设计了一个由尼龙绳和滑轮组成的提升重物系统，其中每个滑轮可以运载的货物重量都是一只风筝载重的4倍。专家经过测试发现，当风力是每小时24千米时，一只风筝的运载重量为3.5吨。这一测试在一个大沙漠里进行，最终每只风筝的运载量大约为4吨。不过，要想让风筝顺利地将巨石运上金字塔，当时的风力必须非常合适。可以肯定的是，风筝完全可以在

→金字塔建造示意图

风力的作用下将巨大的石块运上金字塔，而一次所花费的时间仅为25秒钟。

修建人力之谜

关于建筑金字塔的人力，如今也很难确定。据古希腊历史学家希罗多德的估算，修建胡夫金字塔一共用了30年时间，每年用工10万人。金字塔一方面体现了古埃及人民的智慧与创造力，另一方面也成为法老专制统治的见证。

根据某些铭文可知，金字塔的建筑人力是按照"队"来进行的。每个劳动队通常都是用国王的本名或荷鲁斯名命名（埃及国王都认为自己是荷鲁斯神在人间的化身，所以他们除了本名外，还有一个以荷鲁斯名命名的名字）的，如"友善的孟考拉队伍"、"伟大的荷鲁斯卡赫特的队伍"等。在

↑ 金字塔建造者墓地

采石场发现的不同时期的石板和铜制劳动工具的铭文上，记录了第四王朝胡夫王的4个"队"，第四王朝孟考拉王的3个"队"，第五王朝萨胡尔王和尼乌塞尔王的3个"队"的名称。用同一名字命名的劳动"队"的名称，证明了他们劳动在国王的金字塔综合体的工程上。这些劳动队通常都由"班"和"组"组成。有人认为，每个队分为四五个班。有人作了近似的计算，认为每个组可能由10～15人组成，而每个班由200～250人组成，一个劳动队由800～1000人组成。在一个采石场上有1600人劳动。

关于大金字塔的劳动者，有专家提出既有季节性的劳动者，又有长期性的专门的劳动者。埃及的农民向国家尽义务，参加建筑劳动，大多是从事沉重的劳动，不可能加入经常性的劳动队。建筑队经常性的劳动者主要是训练有素的手工业者，即工匠。

近年来，美国和埃及的考古学家在吉萨金字塔地区先后发掘了一些金字塔建筑工人的遗址。1984年以来，美国耶鲁大学的莱赫奈尔就在这里指导发掘工作。1989年，他们与埃及古物局在胡夫大金字塔的石灰石采石场发现了面包房和啤酒厂。在这个地区，他们发现了装有谷物的石器皿、骨头、灰、鱼骨等。此外，他们发现了一个圆脸的男性雕像。在附近，他们还发现了一些小坟墓，其中有些是随意埋葬的尸体，可能是建筑金字塔时死去的工匠。莱赫奈尔认为，面包房应该设在工人居住地。

1991年，埃及古物局在狮身人面像的东南发现了金字塔建筑者的墓，埃及考古权威哈瓦斯博士说，这些墓是工人、工头和技术人员的坟墓。

修建功能之谜

由于在胡夫金字塔中并没有发现胡夫的木乃伊，所以它作为陵墓的说法受到了一定的质疑。因此围绕金字塔的修建功能出现了许多不同的说法，给它抹上一层更加神秘的色彩。

说法一：古埃及人不可能达到如此高的科技水平，他们也不可能掌握那么多的"超级知识"，胡夫大金字塔不是古埃及人造的，而是外星人建造的。胡夫金字塔不是陵墓，而是外星人到地球上来的一个降落地点。

说法二：胡夫金字塔是由消失了的亚特兰蒂斯岛国的先民所造。据说，这个岛国位于直布罗陀海峡以西，在10 000多年前曾创造过辉煌的文明。后来在"悲惨的一夜"，该岛突然沉于海底。该岛的科学家们提前撤离，一部分人带着科技资料在埃及建立了科学中心，建造了胡夫金字塔，把他们的全部科学知识隐藏于塔的内部结构中。

说法三：居住在非洲阿特拉斯山中麓一个柏伯尔部落建造了胡夫金字塔。据说，古代撒哈拉土地肥沃，物产丰富，居住着几千部落。后来土地逐渐沙漠化，部落东迁至尼罗河河谷，酋长成了埃及国王。他们动用部落的法术，建造了金字塔，作为法台。然而后来他们预感到人类将蒙受一段黑暗的时期，于是各部落疏散到世界各地，其中有一个转移到阿特拉斯山。

总之，关于金字塔的功能还有很多种说法，但都未能得到证实，还有待于考古学家进一步探索。

拓展阅读

屎壳郎是"圣甲虫"

埃及第四王朝的胡夫王死后几个世纪，不少神话故事提及他的名字，还有许多人佩戴刻有他名字的蜣螂石雕，作为护身符。蜣螂就是我们通常说的屎壳郎，这种小动物怎么会出现在埃及人的护身符上呢？

在埃及语里边的蜣螂，是"诞生"的意思。为什么是这样一个意思呢？我们知道蜣螂推的粪球，它先是没有的，慢慢地就推出一个球，这球越来越大，圆得像太阳。从无到有就是诞生，它就像太阳从地平线上升起一样，诞生了另外一个世界，正好象征着整个宇宙的诞生。于是它受到了人们的尊崇，变成了"圣甲虫"，成为人们佩戴的护身符。

不可思议的"金字塔能"

20世纪40年代,法国人布菲尔进入胡夫金字塔参观,在胡夫墓室里,他发现一些干瘪的小动物尸体,看来已死去很久,室内虽不干燥,但尸体一点儿也不腐烂发臭。布菲尔十分纳闷,头脑中突然闪出一个想法:可能是金字塔形的建筑结构使它们变成了木乃伊。

回国后,他按胡夫金字塔千分之一的比例,用木板制作了一个无底的小金字塔模型。他把模型按南北方向放置,在中轴线距塔底1/3的地方,即胡夫金字塔中胡夫殡室所处的位置上放了一只刚死的猫。过了一些日子,奇怪的现象发生了:死猫变成了一具猫木乃伊。布菲尔又对其他有机物进行试验,也得到同样的结果。

布菲尔公布了他的试验结果,并且说,金字塔内部的空间形状与空间内所进行的自然、化学、生物进程有关。布菲尔继续研究,他将生锈的刀片放进用马粪纸这样的绝缘体制成的金字塔模型,观测其内部的空间产生什么样的震荡,这种震荡又和地球磁场与刀刃之间有什么关系,结果发现刀片居然变锋利了。最后,他得出一个结论:来自太阳的宇宙微波,通过聚集于塔内的地球磁场,活跃了模型内的震荡波,使刀片"脱水"变锋利。

布菲尔的实验给捷克的一位无线电工程师卡里尔·杜拜尔很大的启迪。他用3毫米厚的马粪纸做了几个30厘米高的金字塔模型,然后分别放入牛肉、羊肉、鸡蛋、花朵、死青蛙等,结果它们都变干而未腐烂。实验获得初步成功后,杜拜尔又将刀片放进模型内,发现刀片变得更锋利。于是,他开始研究金字塔对有机物以外的金属的影响。他制作了一个15厘米高的模型,把刀片放在塔内1/3高的地方,

第三章 神奇的金字塔与神秘的木乃伊

刀片的两端对准南北方向，模型本身也按南北向放置。几次试验，效果相同。于是，一个极其简单而又神奇的磨刀器——"法老磨刀器"诞生了。

1949年，杜拜尔向捷克有关部门申请该项发明的专利。经过10年的不断申请，到1959年，编号为91304的这项发明终于获专利认可，布拉格专利委员会主席亲自试验后表示，该项发明确实有效，不是什么欺骗或魔术。1970年，杜拜尔出版了《铁幕后的惊人发现》一书，开创了"金字塔能"研究之先河，引发了西方试验"金字塔能"的热潮。

金字塔的结构是一个较好的微波谐振腔体，微波能量的加热效应可以杀菌，并且使尸体脱水。这个腔体可以充分发挥微波的作用。可是，4000年前的法老怎么会知道利用微波呢？有的科学家认为：任何建筑物都可以根据它们的外部形状而吸收不同的宇宙波，金字塔内的花岗石具有蓄电池的作用，它吸收各种宇宙波并加以储存，而金字塔外的石灰石则可以防止宇宙波的扩散。金字塔内所产生的那种超自然力量的能，正是宇宙波作用的结果。至于4000年前的法老怎么能认识宇宙波，并且发现宇宙波与石质的关系，这仍然是一个谜。

拓展阅读

时间为何"惧怕"金字塔

历史上有这么一则谚语：美好的青春惧怕时间，而时间惧怕金字塔。那么，时间怎么会"惧怕"金字塔呢？

我们来做一个实验：把一定数量的米、沙、碎石子，分别从上向下慢慢地倾倒，不久就会形成三个圆锥体，尽管它们质量不同，但形状却异常相似。假如你愿意测量一下，它们的锥角都是52°。这种自然形成的角是最稳定的角，人们把它称为"自然塌落现象的极限角和稳定角"。而金字塔的锥角正好是52°，它就是按照这种"极限角和稳定角"来建造的。由于金字塔独特的造型，迫使塔周围的风不得不沿着塔的斜面或棱角缓缓上升，塔的受风面由下而上越来越小，在到达塔顶的时候，塔的受风面趋近于零，这种以逸待劳、以柔克刚的独特造型，把风的破坏力化解到最低程度。

巡行于两个世界之间的太阳船

胡夫金字塔所在处吉萨是一片沙漠地带，这里终年难见一滴雨水。然而就是在这样一个干旱的地方却发现了 45 米长的巨大木船。它被称作"太阳船"，埋在胡夫金字塔南面不远的地方。它的出土和拼接成功，引起全世界的关注。人们会问：这艘太阳船是怎么被发现的呢？它又是怎么拼接成功的？其结构有什么特点呢？它的建造又有什么作用呢？

发现太阳船

在太阳船没有发现之前，人们早就注意到在金字塔周围有几个大坑，但是在这些大坑里什么也没有发现，这些大坑究竟是干什么的呢？

20 世纪 50 年代，一位叫玛拉赫的工程师负责清理埃及金字塔四周的碎石瓦砾。玛拉赫是一个对古埃及的历史极其感兴趣的人，金字塔周围的几个大坑引起了他的注意，他认为这些大坑不可能无缘无故出现在金字塔旁边，肯定有特别的用途。补充说

↑ 埃及太阳船博物馆外形酷似一艘石舫

古文明浅读　永恒的北非文明——古埃及文明

一下，原来的金字塔并不是现在我们看到的这样，金字塔过去是一个有围墙的院落，而且院落里面还建有神庙。现在这些院落和神庙都已经垮塌了，不过它的地基还在，有的地方甚至能够看到残垣断壁。

这天，玛拉赫拿着探针在胡夫金字塔四周的围墙地基上探测，他发现地基的东西北三面距离胡夫金字塔边缘都是23.6米，南面地基距离金字塔却是18.6米。这个发现引起了他的疑惑：古埃及是一个非常崇尚对称、和谐的民族，围墙的三面都是相等的，却有一面破坏了对称，这是什么原因造成的呢？于是他就想，这一定是有意为之，将南面的地基往里缩5米，应该是在回避什么。

玛拉赫带着这样一个推测，就用探针开始寻找，探着探着，突然他感觉在瓦砾泥土之下碰到一个比较硬的东西，他挪开一点再往下探时，这个探针伸下去很久，没有碰到硬东西，等他把探针带上来之后，发现探针上的土色有点儿发红。他知道这种颜色的土正是几千年之前古埃及人的一种建筑用的"水泥"。这地下应该有建筑！玛拉赫非常激动，便开始在这地方挖掘、钻探，最后终于发现了一块巨大的石板。

为了弄清下面是什么，玛拉赫先凿出一个小洞，把自己的身子探到里边去，他闻到一股淡淡的香味，后来他在日记里边写道："我闻到了很特殊的一种香味，这种味道很难描述，如果准确地说，就是我闻到了时间，闻到了远古的气息。"呈现在他眼前的是放在一块的一些木板和绳索，这些木板有一个船头，有一个船尾。玛拉赫以自己丰富的历史知识知道，这有可能是一艘太阳船。

↑太阳船全景

通过挖掘，专家们得出这样一些数据：石坑全长31米，宽2.6米，深3.5米。坑上覆盖41块石板，每块石板长4.5米，宽0.8米，厚1.8米，平均重量约18吨。坑口封闭严密，滴水不漏，保证了古船免遭水的侵蚀和气候的影响。坑内还放置有麝香和其他防蛀香料。古船被发现时，由1224块木板制成的船体被拆成650个部件，按船的部位，整齐而有序地放置在石坑里。这些木板大多为黎巴嫩雪松，最长的达23米，最短的不足10厘米。这种雪松木质坚韧，纹路细密，抗腐力强，散发出清香，是上等的造船材料。

组装太阳船

这些木板被拿上来之后，埃及的文物部把它们交给了一个叫尤色夫的学者，让他负责组装。尤色夫先把每块木板的位置进行了编号，挖掘出来的时候，按照它原来的位置，在地上摆平，他惊奇地发现，古代人不是随意就把古船拆散了以后放在里边的，而是按照古船的原来位置这么摆放的。

木船一般是用卯榫结构拼接成的，有些地方还需要钉子，但是发掘现场没有发现任何钉子。那么木船是怎么固定起来的呢？

尤色夫想到了与木板放在一起的绳子，最后他明白了，埃及人造船是不需要钉子的，他们把木板结合起来就是靠这些绳子。尤色夫经过十多年的艰苦努力，直到1968年才把木船拼合成功。

木船首尾高昂，呈流线型，形态优美。船体长43.4米，最宽处为5.9米，吃水量为4.5吨。船头高6米，恰似一只古埃及人用尼罗河芦苇编的草鞋。船尾高达7.5米，宛若一枝上埃及尼罗河中生长的莲蓬。靠近船尾有两间船舱，都是长9米，宽4米。船头有一遮阳凉棚，上面盖芦苇席，作为船长的指挥室。船的中央两侧各配5支桨，每桨长8.5米。船尾另有两桨为舵。每桨由两名水手操作，全船共需水手24名。有些桨上画有箭头，据说它是法老降妖除怪、登天开路的法宝。此外，船上还有一篙以测水深，一把木槌和两根木楔，用作靠岸停泊

↑ 太阳船近景

第三章 神奇的金字塔与神秘的木乃伊

时打桩。

那么，完全用绳子固定的船能下水航行吗？即使捆得再结实，它能不透水吗？如果有很好的防水涂料可能会好一些，但是遇水船板膨胀，也会有缝隙。专家经过研究发现，埃及人用的是一种特殊的绳子，这种绳子一遇到水就开始收缩，变得越来越紧，而船板遇水越来越膨胀，这样一缩一胀就使得木板之间拼合得更紧密了。

太阳船的作用

一些学者认为，这艘太阳船只是作为一个丧葬仪式用品，并无实际用途，就像我国民间的一些丧葬仪式中会烧化一些纸糊的物品一样。太阳船在法老的木乃伊下葬之后，它就被拆散埋到金字塔附近。

太阳船除了丧葬仪式的用途之外，有没有运输的用途呢？专家对这些木料进行了研究，发现里边有被水浸泡过的痕迹，这说明这条船真是在尼罗河中行驶过。

如果仅仅是一个仪式用品的话，它没有必要在尼罗河上走，因为尼罗河是南北走向的，而太阳东升西落，作为仪式用品的太阳船肯定也会是东西循环走的。这么一来，太阳船在尼罗河上行驶一定还有别的用途。

船上面有一个主舱和副舱，主舱比较大，而且密封得比较严实，四周是用芦席搭接起来的。专家分析，封闭的船舱里装的应该是法老的木乃伊，也就是说太阳船是用来运送法老的木乃伊的。木乃伊被送到离金字塔最近的河岸，再通过特别的甬道，最后进入金字塔安葬。而这时太阳船会被拖上来，把它拆散，埋在金字塔的附近，供在冥界的法老继续使用。

埃及人这样做，与他们的太阳神信仰有关。

我们看到，这艘船两头翘起，其

↑荷鲁斯之眼和奥西里斯

造型是世界上独一无二的,就像一个太阳的形状。为什么要造成这种形状呢?这与埃及人信仰太阳神有关。

在古埃及,太阳是伟大的神祇。古埃及人认为,法老死后,他的灵魂会与太阳神一起在天空旅行。这时太阳神所搭乘的就是太阳船。太阳船分两种:一种是早上由东向西航行的白昼之船"玛阿瑞杰特",另一种则是在地下由西向东航行的夜间之船"梅塞凯底特"。古埃及人望着辽阔天空,联想到无边的大海,他们认为在天空行走的交通工具也是船。古埃及人相信生命是永恒的,人死后又在来世复活。为此,他们将死者的肉体制成木乃伊保存起来。为了不让死者在来世受困扰,还特地在墓中放置许多日用品和家具等陪葬物。古埃及人认为,太阳每天早晨由东方升起,搭乘白昼之船渡过天河,然后在西方落下;夜里,太阳乘夜间之船越过贯穿地底的大河,由西方来到东方。他们用夜间的黑暗比喻死亡,认为太阳每日都会复活、转世。

古埃及的法老认为自己是地上的奥西里斯神,奥西里斯死了,变成了冥界之神,掌管冥界;他的儿子荷鲁斯就成了现世之神。每一个法老都认为自己是奥西里斯的儿子。古埃及人认为,奥西里斯神每天坐着太阳船从东面地平线上出来,出来了之后,他就变成了现世之王,变成了荷鲁斯;每天又从西边落下去,然后又变成了奥西里斯,接着再出来变成荷鲁斯。每天都按照这样一个循环的秩序运动。

太阳船秘密地埋葬在金字塔边上,这正好体现了古埃及人的一种宗教观念。这个世界上的民族千差万别,很多地方相同,也有很多地方不同。古埃及却是一个生活在神话世界之中的民族,古埃及人对世界的认识,是把神话跟现实糅合在一起的,所以他们才能够建造自己的金字塔,建造自己的太阳船。

你知道吗

胡夫被认为是个暴君

胡夫是斯尼夫鲁法老和海特裴莉斯一世王后的儿子。在后世的歌谣中,胡夫被认为是一位残暴的法老。胡夫有9个儿子,其中雷吉德夫是其直接继承人;另外,他还有15个女儿,其中一个即是后来的海特裴莉斯二世王后。

第三章 神奇的金字塔与神秘的木乃伊

金字塔建筑的衰落

建筑金字塔在第四王朝时达到顶峰，但是在第四王朝末期的舍普塞斯卡夫王放弃了传统的金字塔的建筑，恢复到从前的建陵方式，在萨卡拉的南部地区为自己建筑了一种长方形的马斯塔巴。该墓顶呈弧形，两端垂直，通常以"法老的马斯塔巴"而著名。

第五、第六王朝时期，随着中央集权的削弱，金字塔建筑开始衰落。这时兴建的金字塔基本上建在萨卡拉和阿布西尔一带，比起他们先辈的金字塔，规模缩小，通常在90米以下，并且质量低劣，有的是用碎石建筑。如今，有不少的金字塔都已风化瓦解，有的甚至变成一堆堆沙石土丘。

第五王朝有4位国王都在阿布西尔建造金字塔，其中保存最好的是萨胡尔王的金字塔，最大的是尼夫里尔卡尔王的金字塔。纽塞拉王修建了一个小金字塔，并且在阿布古罗布建筑一个令人难忘的太阳神庙，其内部装饰着绘画浮雕。第五王朝末代王乌纳斯则在萨卡拉的卓瑟王阶梯金字塔的西南建立了自己的金字塔，目前，除了底部残留一些石砌的塔基砌层外，塔身的多半部已风化瓦解成碎石细沙。乌纳斯金字塔最显著之处，在于两间"人"字形尖屋顶的埋葬间的墙壁上刻满了精致的，涂上了蓝色颜料的象形文字铭文，即金字塔文。第六王朝时

↑萨卡拉地区的墓葬建筑

期的金字塔及其附属的王妃金字塔遵循着他们先辈的传统，但是其建筑质量低劣粗糙。

在第五王朝时期，除了金字塔建筑物外，一个显著的现象是太阳神庙的建造。在《巴勒莫石碑》及其他文献中，我们至少可以见到6座太阳神庙的名字。其中至少可以确认两个，一个是乌塞尔卡夫王在阿布西尔建筑的，另一个是纽塞拉王在阿布古罗布建筑的。

太阳神庙的总体设计类似于金字塔群建筑，具有河谷庙并与通道相连，但是代替金字塔本身的是类似马斯塔巴的墓坛，并且在顶上带有大的柱子或方尖碑，具有赫利奥坡里斯太阳神庙的主要特征。

随着中央集权的削弱以及金字塔建筑的衰落，与此相对立的现象是贵族大臣的马斯塔巴的豪华建筑。古埃及人通常认为，国王死后升天，与太阳神结合在一起，而贵族死后则在下界继续维持其生前的生活。所以，贵族墓中保存了死者的像，还有某些尼罗河、航行的船的模型，及其他日常用品，特别是在壁画、浮雕上铭记他们生前的职业、地位，描绘他们领地上的播种与收获，畜养与屠宰家畜，酿造啤酒与烘烤面包等生产活动，还有狩猎、钓鱼等娱乐以及宴会歌舞的场面。

除了金字塔、马斯塔巴外，在第五、第六王朝时期，地方行政官员在自己统治的地方为自己营造岩窟墓，这种岩窟墓的形式最早出现在第四王朝末期的吉萨。这种墓建筑在沙漠边缘的悬崖中，并且装饰浮雕。

第六王朝灭亡后，随着中央集权统治的崩溃，作为王权象征的金字塔建筑（除了第八王朝唯一的一个外）也就消失了。到了中王国时代，金字塔建筑才重新恢复起来，但那也是短暂的一段历史。

拓展阅读

萨卡拉

萨卡拉是最古老的埃及坟墓，位于开罗西南的沙漠之中，是工程师伊姆荷太普为第三王朝的首位法老建造的墓葬，有阶梯金字塔和墓葬建筑群。萨卡拉作为专门为贵族修建的石室坟墓而著称，最著名的是第五、第六王朝贵族的墓葬。墓葬墙壁上的雕刻讲述着古埃及人的日常生活，例如：放牧、养殖、打猎、宗教仪式和对死者的祭祀。

古文明浅读 永恒的北非文明——古埃及文明

狮身人面像之谜

从开罗西行数千米，来到吉萨村，金字塔便屹立在这里。在吉萨三大著名金字塔之一的哈夫拉金字塔前，蹲着一座雄伟高大的石像，这便是大名鼎鼎的狮身人面像，它高约22米，长约57米，脸长约5米，耳朵长约2米。它双眼眺望远方，似乎看透了整个人类历史的沧桑变化。每个来到它面前的人，都会感到自己的渺小，从心中油然生出一股景仰之情。

↑哈夫拉金字塔前的狮身人面像

来源之谜

在《荷马史诗》里记载了这样一个故事：有一个巨人与蛇妖所生的怪物，它有人的头，狮子的躯体，还长着翅膀，名叫斯芬克司。

斯芬克司生性残忍，他从智慧女神缪斯那里学到了许多谜语，常常守在一个重要的大路口。每一个行人要想通过这个路口，都必须猜谜，猜错了，就会被它吃掉；如果猜对了，它就从此消失。由于它出的谜语实在太难，因此蒙难者不计其数。

有一次，一位国王的儿子被斯芬克司吃掉了。国王大怒，发出悬赏：

"谁能猜出斯芬克司的谜语，就把王位继承权奖给他！"勇敢而又聪明的青年俄狄浦斯应国王的征召前去猜谜。

俄狄浦斯来到斯芬克司把守的路口。斯芬克司看他很年轻，便随便出了一个谜语："什么东西先长，然后变短，最后又变长？"俄狄浦斯想了一下说："影子。"

↑狮身人面像侧影

斯芬克司不服输，拿出一个最难的谜语让他猜："有一种动物，早晨用四条腿走路，中午用两条腿走路，晚上却用三条腿走路，这是什么？"俄狄浦斯说出了答案："这是人。童年用四肢在地上爬，长大后用双腿行走，晚年拄着拐杖行走。"

斯芬克司听毕，羞愧难当，便从一处悬崖上跳下去，以死赎还自己的罪孽。

古希腊神话中的斯芬克司怎么会跑到埃及来呢？其实那时的古希腊可比古埃及要落后很多。这其中究竟是怎么回事，至今还是一个未解之谜。

当然，狮身人面像并不是只有埃及才有，之所以一提到狮身人面像，人们就想到古埃及的这座，是因为它是所有雕像中最大的、最古老的，因而也是最著名的。

埃及的斯芬克司蹲在第四王朝的法老哈夫拉的金字塔前，距今约有4500年的历史（按哈夫拉国王在位时间来推算的）。狮身人面像在诞生以来的几千年里饱经风吹日晒，脸上的色彩早已脱落，额上的眼镜蛇和下垂的长须，早已不翼而飞。在当时的条件下，竖立起这样一座庞大的雕像，其工程难度之大，几乎超出人类的想象力。这么一个庞大的雕像，究竟是什么时候建造的？为什么要建造它？建造之后放在那个地方代表一个什么特殊的含义？至今人们仍未作出合理的诠释。

狮身之谜

古埃及是个多神崇拜的国家，人

们通过关于神的起源和神话来解释大自然的神奇与世界的创造力。荷鲁斯神是古埃及人最崇拜的神之一。荷鲁斯神是猎鹰之神，是天上的神，它给予法老统治这片土地的权力。古埃及的统治者常常把自己与荷鲁斯神联系起来。人们认为法老是荷鲁斯神在世间的化身。在埃及神话里，除了荷鲁斯这样的一个神，我们还看到另外一些神。比如，还有一个神叫萨赫麦特，它具有一个狮子的头，人的身体，正好和斯芬克司掉过来了。这与古埃及的传统有关，它起源于古埃及人对动物的图腾崇拜，人们在举行某些祭祀仪式时会戴上各种动物的面具。由此给人一个启发，不同动物的身体跟头是能够结合在一块的。萨赫麦特有狮子的头颅，它很威严，有保护者的意思。在哈夫拉的金字塔前建立这样一个庞大的狮身人面像，极有可能是用来镇守古埃及法老墓地的。

人面之谜

我们再来看看狮身人面像所刻画的究竟是哪一位法老的面容？我们知道古希腊的斯芬克司狮身人面像是一个女人的雕像，除了它是一个女人的雕像之外，我们很难说它跟哪一个特殊的人物有什么关系。但是古埃及的斯芬克司雕像却不一样。它所系的围巾是非常典型的古埃及法老所系的围巾，而且它的头上还有一个埃及圣蛇眼镜蛇的痕迹。这种装束完全是法老的标志。

于是人们就产生了这样的一种推理，如果能够确定这个人面像是谁的，那么就能够知道这座狮身人面像是哪个年代建造的。现在我们来看两尊法老的雕像，他们都是胡夫的儿子，一个是长子詹德夫拉，一个是次子哈夫拉。胡夫去世之后，詹德夫拉继任埃及的法老，但是他在位的时间非常短，只有三四年。他死后却留下一个让人觉得不可思议之举。

↑狮身人面像近景

古王国时期，法老都习惯于把自己的金字塔建得很大，而且都建在吉萨，因此吉萨才成为一个金字塔的代名词。然而詹德夫拉却没有把自己的金字塔建在吉萨，而是建在了吉萨北边的阿布拉瓦什，这个地方金字塔建得很小。

詹德夫拉很短命，究竟是怎么死的，已经不知道了。他死后，他的弟弟哈夫拉接替了他。哈夫拉作为古埃及第四王朝的统治者统治着埃及，并且建造了埃及第二大金字塔，同时金字塔前面又出现了狮身人面像。这个狮身人面像究竟像谁呢？

一些学者经过反复比较，甚至运用计算机进行测量，最后得出的结论是：它的面目更像詹德夫拉。既然是詹德夫拉的人面像，怎么会出现在他弟弟哈夫拉的金字塔前呢？于是专家们就产生了这样的一种疑问，这座金字塔究竟是谁建的？是哈夫拉建造的，还是他哥哥詹德夫拉建造的？如果是他哥哥建造的话，是不是他哥哥在建造这座金字塔的过程中就神秘死去了呢？如果是这样，那么哈夫拉就有可能不仅盗用了他哥哥的王位，而且把他哥哥的金字塔也据为己有了，还把他死去的哥哥"赶到"了吉萨北边的阿布拉瓦什。

当然，他们兄弟之间是否发生了骨肉相残、争权夺利事件，历史上没有记载，人们无从猜测。

缺鼻之谜

如今的狮身人面像没有鼻子，这

→ 缺鼻子的狮身人面像

第三章 神奇的金字塔与神秘的木乃伊

是一个很大的遗憾，否则辨认他究竟是谁会容易很多。它原来是有鼻子的，它的鼻子怎么掉了呢？

一种说法是，500年前，狮身人面像被埃及国王的近卫军当作练习炮弹射击的"靶子"，结果硕大无比的鼻子被打掉了。

又据某些记载，埃及的历代法老和臣民，视这尊石像为"太阳神"，朝拜的人往来不绝。后来，风沙把它慢慢地掩了一大半，这时，一名反对崇拜偶像的人拿着镐头，爬上沙丘，狠狠地猛凿露出沙面的鼻子，结果毁坏了它的容貌。

期待通过木乃伊"复活"

有这样一个关于埃及木乃伊的起源的神话传说：奥西里斯是自然万物之神，他教会人类耕田织布、酿酒制铜，让民众过上了幸福的生活，受到人民的爱戴，成了统治民众的国王。他用智慧和仁慈换来的权力和名望，受到他弟弟塞特的忌妒，弟弟产生了杀兄之念。

塞特让匠人按他哥哥的身材，用黄金造了一个华丽无比的柜子，宣布说："谁躺在里边合适，我就把这金柜送给他！"他故意找来几个身躯大于柜子的人来试，结果都躺不进去。塞特便对哥哥奥西里斯说："哥哥，你肯定能躺进去，这个价值连城的金柜只配你拥有。"当奥西里斯刚躺入金柜时，塞特立即叫事先安排好的人把柜子锁上，然后扔进了尼罗河，自己便代替哥哥做了国王。

奥西里斯的妻子伊西丝知道后悲痛欲绝，沿河追寻，终于在尼罗河的入海口亚历山大城的港口找到了这个金柜。伊西丝便请求天神让她丈夫复活。塞特听说后，立即赶来，趁天神还未让哥哥复活，又把他剁成14块，分散扔到各地，让其很快腐烂，以防伊西丝再去找回。

伊西丝又花了很长的时间，把散落各地的14块尸块找了回来，用麻布裹在一起，再次乞求天神让丈夫复活。天神说："你的丈夫已不能再回到人间了，我已安排他做冥神了，由他施行对新入冥国的人的审判，决定此人是否可以拥有永恒的来世。让他的子孙继承他的王位，做民众的国王吧！"伊西丝把丈夫尸体的碎块拼凑在一起，做成了干尸"木乃伊"。在神的帮助下，奥西里斯在阴间复活了。在另一个世界，他做了主宰，成了冥神，专门负责对死人的审判，并保护人间的

古文明浅读 永恒的北非文明——古埃及文明

↑奥西里斯与伊西丝

法老。

伊西丝生下了儿子荷鲁斯，并将他抚养成人。荷鲁斯在民众的支持下，打败了塞特，为父报仇雪恨。他继承了父亲的王位，当上了国王。后来的法老都成了荷鲁斯在民间的化身。

这个神话故事迅速在民间流传开来。埃及法老听到后，便利用它来欺骗人民，宣扬法老有神的帮助，活着是统治者，死后还是统治者。如果谁要是反对法老，那么他活着时会受到惩罚，死后也不能顺利地通过奥西里斯的阴间审判。

此后，每一个埃及法老死后，都要把奥西里斯的神话表演一番。第一步是举行寻尸仪式。第二步是举行洁身仪式，即把尸体解剖，取出内脏和骨髓，制成干尸"木乃伊"。

以上虽是神话传说，但笃信神灵的古埃及人信以为真。在古埃及有一种观念，每一个人的灵魂都会有几种存在的方式，其中最主要的是"卡"和"巴"的形式。"卡"在古埃及语意中为"永恒、创造性"。"巴"，在古埃及语中意为"在阴阳世界里自由飞翔的灵魂"，其形状通常被绘制成长着人头和人手的鸟，它身上带有一些咒语能使自己重返木乃伊。"巴"的雕像一般附着在一个木乃伊匣的底部。"巴"抬着它的手，似乎象征着木乃伊灵魂的升起。两只伸展的手臂则是文字的符号。为了使一个人永生，必须使"卡"和"巴"在坟墓里的木乃伊上重聚。一旦两者得以重聚，死者就可以永生。为此，要为亡者举行一系列名目繁多的复杂仪式，使亡者的各个器官重新发挥作用，使木乃伊能够复活，继续在来世生活。

古埃及人认为，如果以可辨认的形式保存死者的尸体，人的灵魂就会重新回到死者的躯体中；如果躯体完整没有腐烂，灵魂与躯体就会在某一天复活过来；如果尸体腐烂，灵魂也就不复存在，人也将真正地死去；如果尸体的某一部分损坏了，死者就会在来世里也丧失身体的同一部位；为了使死者能继续在来世更好地生活，就必须把尸体保存完好。

尼罗河每年有规律地泛滥与消退，植物与之相应地或茂盛或枯萎，太阳每日东升西落，这些自然现象的周而复始也给古埃及人这样一种观念：世界是循环往复的，自然万物是可以生死轮回的，人也应当如此。

另外，古埃及干燥的自然环境为保存干尸创造了客观条件。在保存良好的木乃伊中，有的并没有经过精心处理却意外地保留下来。这种自然形成的木乃伊通常在气候极为干燥的沙漠或严寒地带发现，因为那里的气候阻止尸体腐烂。众所周知，腐烂是由细菌引起的，细菌太多是在水中繁殖的，而人体的70%又是由水分组成的，也就是说，人体为细菌的繁殖提供了场所，所以尸体很容易腐烂。炎热的沙漠能使尸体迅速地脱水，从而使尸体保留下来。由于严寒地带气温低，抑制了细菌生长繁殖，为尸体脱水赢得了时间，尸体的保存也就没什么问题了。

这种自然形成的木乃伊，保存的形体不好看而且也不保险。慢慢地，法老和王公贵族们对处理尸体的要求越来越讲究，自然风干已经不能满足需要了。于是出现了精于制作木乃伊的技师和设施完备的木乃伊加工厂，制作木乃伊成为一项专门的职业。

正是这种来世永生的信仰，使古埃及人在木乃伊制作与埋葬方式上一直十分精心，甚至超过了他们对今生的关心。

第三章　神奇的金字塔与神秘的木乃伊

古埃及是一个有着高超建筑技术与建筑工艺的国家，在其历史上有很多法老对"大兴土木"有着异乎寻常的嗜好。新王国是神庙建筑的黄金时代，这一时期诞生了古埃及最大的卡纳克神庙，阿蒙霍特普三世开始修建的卢克索神庙，拉美西斯二世建造的阿布辛拜勒神庙，女法老哈特舍普苏特给自己修建的祭庙，这些神庙前一般都竖有直指苍穹的方尖碑。在新王国时期，法老们喜欢在峭壁上开凿墓室，用来安放他们及王后、公主的木乃伊，形成了"国王谷"和"王后谷"。约在公元前290年，托勒密一世下令建造了当时世界上藏书最丰富的亚历山大图书馆，修建亚历山大灯塔，等等。这些建筑或其遗迹是古埃及文明最形象、最生动的体现与见证。

第四章

走近古埃及的建筑

古文明浅读 永恒的北非文明——古埃及文明

供奉太阳神的神庙

如果说金字塔的建造代表了古埃及早期建筑的最高成就，那么神庙则见证了古埃及后期建筑的辉煌。新王国是神庙建筑的黄金时代，在这个时期，神庙建筑的法则逐渐形成，神庙数量大增，规模也不断扩大。这是帝国扩张和繁荣的必然后果，也反映出古埃及宗教思想的进一步成熟。如上所述，古王国衰落之后，地方贵族的势力成为王权长久的威胁。为加强王权，中王国时期的国王扶持了中下层的新贵，但矛盾并没有得到解决。新王国进行扩张，部分的原因是为把国内矛盾引向域外，战利品和掠夺来的财富流向王室、新贵族和旧贵族，体现了王室拉拢与安抚并重的政策。贵族阶层是各地神庙祭司的主要成员，因此神庙在战争中暴富。

王权理论的成熟是促使神庙建筑发达的另一个动力。在古埃及人的宇宙、社会观中，神定的秩序是最基本的概念，国王作为神在人间的代理负责维持这种秩序，他的成功意味着人类对神最好的回报。神庙是神在人间的居所，也是以法老为首的人们向神供奉、与神交流的神圣之地，是神定秩序的运转中心。此外，历届法老都

↑古埃及新王国都城底比斯

在即位之初大兴土木，也是对创世主原初之时创世活动的模仿，通过这种行为表达创世需要不断重复进行的思想，从而强调法老在人间的活动的神圣目的。

这种宗教理论决定了神庙的基本建筑法则。从结构上看，神庙具有极强的象征意义，它是微观的宇宙。神庙的围墙被一道道塔门所隔断，同时围墙的顶部起伏不平，呈波浪状，象征着原初之水；高耸的神庙则是在这片混沌之中升起的原初之山，山顶是人类创造者的居所。进入神庙的人们犹如在混沌之水中经过了洗礼，带着纯净的灵魂来到神的面前。神庙的墙上布满了自然景物的描绘：上部和天花板上是繁星点点的天空，张开翅膀的鹰神护卫着神的国土；墙壁下部常常点缀着自然界的花草，象征大地的繁盛。当尼罗河泛滥时，浅浅的河水漫入庙中，在壁画的映衬下，神庙犹如河谷的缩影。

典型的古埃及神庙一般以中轴线为中心，呈南北方向延伸，依次由塔门、立柱庭院、立柱大厅和祭祀殿组成。这种纵深的结构使得神庙可以无限地继续修建下去。塔门多时达十几道，因为法老们喜欢在前人修建的神庙的基础之上增增补补，而塔门又是最易完成的部分。其他部分也显示出累积完成的特点，比如，古埃及规模最大的神庙建筑群——卢克索和卡纳克神庙都历经漫长的修筑过程，许多重要的部分是在托勒密时期完成的。古埃及人这种建筑神庙的原则反映出他们"无限延续"的愿望，不仅人的肉体、灵魂永远不灭，神的居所也要不断地延伸下去。

塔门是古埃及神庙最具特色的部分之一。它由对称的东西两个门楼和连接它们的天桥组成，象征东西地平面，是太阳神每天必经之路。塔门上通常有国王高举权杖打击敌人的形象，象征着对一切邪恶势力的巨大威慑力，这种威力迫使它们远离神圣之地。紧靠塔门，通常有国王的巨像或者高耸的方尖碑。自哈特舍普苏特首创斯芬克斯大道以后，塔门前面铺设一条两侧摆满石像的通道成为一种惯例。

进入塔门之后，神庙的屋顶逐渐降低，而地面却逐渐增高，到了最深处的祭祀殿中，光线变得非常暗淡，气氛也愈加肃静神秘。普通人只能进入立柱庭院，只有国王和大祭司才能到祭祀殿中，那里供奉着神像或国王的雕像，它们只在盛大的宗教节日才被抬出神庙与公众见面。在审理重要的案件而难以裁决时，要依赖神旨，看神像点头或摇头进行断案。

神庙中高大的石柱给人留下深刻的印象。常见的柱头装饰有纸草花式、莲花式、棕榈叶式、哈托尔女神式等。

第四章 走近古埃及的建筑

古文明浅读 永恒的北非文明——古埃及文明

为了更好地采光，立柱大厅外围的柱子比中间的要低，这是成功地运用"自然采光法"的较早例子。柱子上布满文字和画面，如果保存较好的话，还能看到些微最初的色彩。

↑哈托尔女神（右）与玛特女神（左）

神庙中的祭祀活动有两个主要内容，一是对神感恩，一是祈求神的帮助，这些都通过一系列烦琐的仪式来完成。日常仪式由大祭司完成。每天早晨，大祭司沐浴更衣，然后才能进入祭祀殿，捧出神像，为之焚香涂油，目的是使神恢复生机和活力。在重大的宗教节日，国王亲自主持祭祀活动，以各种颂诗表达对神的感激，如阿蒙颂诗中说阿蒙神的恩德"比天高，比地宽，比海深"。

古埃及人对神的崇拜有强烈的功利性，他们认为，神接受人类的供奉，就有责任保佑人们平安幸福，否则人类有权不敬奉他。这也说明了古埃及多神崇拜局面长期延续的原因：每个人都根据实际的需要选择自己崇拜的神，即使有一个高高在上的国神，也不能代替给个人带来实际好处的小神，因此官方宗教与民间宗教是长期并存、互利的。神不仅享受优美的颂诗，还要倾听民间的疾苦，帮助穷人和受病痛折磨的人。由于这种信念，人们逐渐把神庙拟人化了，神庙里的每样东西都有神性和魔力，许多人从神庙的石墙上抠下碎末，当作良药和圣物。也是出于这个原因，国王们喜欢在旧神庙的基础上扩建，以保留其神力。即使不得已要拆除它们，也尽可能把所有的原材料整理出来，用到新建筑中。学者们曾对古埃及法老大肆拆用旧建筑迷惑不解，以为那是一种偷工减料的做法，其实真正的答案应在这里。

卡纳克神庙

在埃及首都开罗以南700多千米处，曾经有一座十分繁盛的都城底比斯，在底比斯的一个叫卡纳克的地方建有一座献给太阳神阿蒙的神庙。这就是埃及最大的神庙——卡纳克神庙。

自进入中王国以后，由于底比斯的地位日益提升，原本只是一个地方神的阿蒙神成为整个埃及的主神，并被尊为太阳神（原来的太阳神叫拉，后来的太阳神又合称"阿蒙·拉"）。

卡纳克神庙始建于中王国时期，具体是由谁开始修建的，现在已经说不清了。有多位法老对它进行修建或扩充，特别是在伟大的拉美西斯二世时代，对它进行了大规模的扩建。到新王国末期，它已拥有10座门楼（古埃及一般庙宇仅有1座门楼），各座门楼又有相应的柱厅或庭院。全庙平面略呈梯形，主殿按东西轴向布置，先后重叠门楼6座，又从中心向南分支，另列门楼4座。除主殿供奉太阳神外，还另建供奉太阳神的妻子和儿子的庙宇。

卡纳克神庙占地约18万平方米，体型巨大，可以装下整个巴黎圣母院。神庙的主要建筑按一条轴线排列：主庙两旁分出一系列附属建筑和庭院，整体恰似一座天宫。

走近卡纳克神庙，可以看到一组模样奇特的圣羊像，又称羊头狮身像。它们分两排蹲立，姿态完全一样，每个圣羊像之间相隔数米，一直排列到巨大的牌楼门前。在圣羊像的尽头，就是神庙的主入口——牌楼门。牌楼门是由一片梯形实墙组成的庞然大物，实墙高43.5米，宽113米，上厚6.3米，下厚9米，中间是一个门洞。

门洞两边竖立有方尖碑，全部由花岗岩砌成，均高20米以上。其中最高的是古埃及唯一的女法老哈特舍普苏特所立，碑身全高29米，重323吨，是当时最高的方尖碑，也是现在埃及境内最高的方尖碑。据说是女法老花了7个月的

→ 卡纳克神庙

第四章 走近古埃及的建筑

古文明浅读 永恒的北非文明——古埃及文明

时间从阿斯旺采下石料制成这一座当时全埃及最大最高的方尖碑,沿尼罗河长途运输 150 千米,立在这座神庙前,献给阿蒙神,并在碑上刻下铭文称自己为太阳神的孩子,以此证明自己承继大统的合法性。

卡纳克神庙有众多柱厅,最大的一座是由拉美西斯二世修造的。该厅长 366 米,宽 110 米,有 6 道大厅,134 根石柱,分成 16 排。中央两排的柱子最为高大,其直径达 3.57 米,高 21 米,上面承托着长 9.21 米,重达 65 吨的大梁。其他柱子的直径为 2.74 米,高 12.8 米。在柱顶的柱帽处,可以安稳地坐下近百人,其建筑尺度之大,实属罕见。站在大厅中央,四面耸立着森林一般的巨大石柱,处处遮挡着人们的视线,给人造成一种神秘而又幽深的感觉。柱顶呈莲花状。在门楼和柱厅圆柱上有丰富的浮雕和彩画,既表现宗教的内容,又歌颂国王的业绩,并附有铭文。

由于年代久远,神庙已破败不堪,通过神庙前一块方尖碑上的文字,可以了解到它当年的壮观景象:神庙的墙体用精细砂石砌成,通体贴金,路面涂银,所有门道镀上黄金;雕像均用上等的整块花岗岩、砂岩、彩石琢造;正殿有一个金、玉砌成的御座;庙前竖立一排纯金铸成的旗杆。此外,人工河引来尼罗河的水,环庙而流。

↑卡纳克神庙的柱厅

每当太阳升起,神庙的光芒如同太阳一样灿烂。

据说,在古埃及新王朝,每天清晨,法老和他的臣民都要到卡纳克神庙前迎接太阳的升起,迎接他们心中最崇敬的太阳神阿蒙从睡梦中醒来。在古埃及人心目中,五谷丰登和富裕安定的生活都仰仗这位神明的恩泽。

卡纳克在兴建之初被当成底比斯的神圣区域,随后又被居民们命名为"阿蒙之城"。一条长达 2000 米的"狮身人面像大道"将卡纳克神庙与南部的卢克索神庙连接起来,后者也用于供奉阿蒙神。尼罗河将这两座神庙连接起来,在某些重大节日,阿蒙神的雕像被装上船，从卡纳克神庙运到卢克索神庙。

历经沧桑的卡纳克神庙让人着迷，那些刻在柱上、墙上、神像基座上优美的图案和象形文字，有战争的惨烈，有田园生活的幸福，有神灵与法老的亲密……这些石刻告诉你一个遥远而辉煌的过去。

卢克索神庙

卢克索神庙距卡纳克神庙不到1000米，是由第18王朝的阿蒙霍特普三世为祭奉太阳神阿蒙和他的妻子穆特及儿子而修建的。后又经过第19王朝的拉美西斯二世的大规模扩建，最终竣工。

卢克索神庙长262米，宽56米，主要包括庭院、大厅和侧厅三部分。神庙门前可以看见一小段"公羊之路"的遗迹，路旁满是羊头的雕刻。

塔门是神庙的主要入口。现在门口立着一根高25米的方尖碑，四方柱形，用整块花岗岩制成，柱面雕以神像和图案。方尖碑本来一共有两根，

↑ 卢克索神庙与方尖碑

第四章 走近古埃及的建筑

古文明浅读 —— 永恒的北非文明 —— 古埃及文明

另一根在 1831 年被埃及统治者穆罕默德·阿里送给了法国国王路易·菲利普，如今它仍竖立在巴黎的协和广场上。

在神庙塔门两旁，原来竖立有 6 尊巨大塑像，如今只剩下 2 尊拉美西斯二世的坐像了。该坐像高 15.5 米，置于约 1 米高的基座上。据考证，最初在两座法老像旁还有 4 个粉红花岗岩的立像依塔门，其中包括拉美西斯二世的王后内弗尔塔里。现在塔门仅存的立像已残破不堪，这是拉美西斯二世的女儿麦丽特·阿蒙的塑像。塔门的石头上还刻有阿蒙霍特普三世法老和图特卡蒙国王的名字。

从塔门走进去就是拉美西斯庭院，入口处是造型独特、雄伟壮观的柱廊，两排 14 根 16 米长、似纸草捆扎状的石柱高高耸立着，庭院四周三面建有双排的雅致石柱，柱顶呈伞形花序状。

在拉美西斯庭院的石柱中立有一尊石雕像，这是拉美西斯二世的雕像。旁边的石壁上镌刻着一些浮雕和文字，叙述举行庆典仪式的情形。柱旁石墙上的浮雕描绘的是新年之际"圣船"队从卡纳克到卢克索往返的盛况。

两边的墙上的浮雕构成一组完整的画面，生动地描述了拉美西斯二世执政初期与赫梯人作战的情景。左边的画面描绘了当时的军营生活、战前召开军事会议及法老御驾亲征、在战车上指挥战斗的情况。右边的画面栩栩如生地描绘了这位法老如何向敌人发动进攻、弯弓射箭的动作及赫梯人溃逃的情景。

↑ 卢克索神庙中的柱子与雕像

穿过庭院是一个大厅和侧厅，中央大厅东面的降生室实际是一个小礼拜堂，四周石壁上的浮雕描绘着穆特与阿蒙神象征性结婚以及降生王子的浮雕。拉美西斯二世是一位伟大的法老，他在位时把埃及治理得井井有条、蒸蒸日上，使国力达到了鼎盛时期。卢克索神庙扩建的部分，是他为诸神和自己的光荣而建造的。游人来到卢克索神庙后，确实能立即感到拉美西斯二世的存在。

傍晚从尼罗河上看，卢克索神庙如同浮动在棕榈树顶的一艘大船，高高耸立的方尖碑恰如船前撑旗的桅杆，这艘"圣船"载满了几千年的历史与沧桑。

阿布辛拜勒神庙

阿布辛拜勒神庙被看成是拉美西斯二世最伟大的作品，是名副其实的古代建筑瑰宝。大庙门面或许可以称为塔门，高32米，长36米，塔门洞口两旁雕刻有高约21米的4座拉美西斯二世坐像。如今它们已经变成了埃及文明的象征。意大利著名的考古学家赛尔乔·多纳多尼教授称赞说："这真是一座令人难以置信的建筑，它将埃及古典建筑的建筑元素带入了深山中。"

↑ 拉美西斯二世坐像

这座神庙建在一个山坡上，开凿的深度有60米，它本意是供奉三位主神阿蒙、拉、布塔，但实际上它只为一位"真神"——拉美西斯二世本人服务，是一座神庙和祭庙的结合体。

阿布辛拜勒的岩窟庙依山傍岩，在峭壁斜坡上开凿洞口。洞口内还有柱厅以及位于庙内深处的供奉三位主神及拉美西斯二世本人的雕刻坐像。洞窟内全长60米，每年2月21日拉美西斯二世生日，以及10月21日拉美西斯二世加冕日时，阳光可穿过60米深的庙廊，洒在拉美西斯二世的雕像上，而他周围的雕像则享受不到太阳神这份奇妙的恩赐，因此人们称拉美西斯二世为"太阳的宠儿"。并且把这一天称为"太阳日"。

距阿布辛拜勒神庙不远的北边，有一间规模较小的山间岩窟庙，这是拉美西斯二世献给爱妃奈菲尔塔莉的祭庙。庙的正面排列6座雕像，除拉美西斯二世的3座外，还有补充描绘为哈托尔神形象的奈菲尔塔莉的3座雕像。

人们对这位王妃的出身一无所知，她好像来自平民家庭。有一点不容置疑，无论是拉美西斯二世还是普通百姓都深爱着她。

王妃的名字意为"最美丽的女人"，众多的画像也证明了她的魅力。拉美西斯二世在继承王位前不久娶了她，从此就与她形影不离，无论是在宗教仪式中还是在国事活动里，都能见到她。在现存的绘画中以及其他文

第四章 走近古埃及的建筑

古文明浅读 永恒的北非文明——古埃及文明

↑ 壁画中的奈菲尔塔莉

物上也常能看见她与丈夫亲密地依偎在一起。在政治生活中，奈菲尔塔莉也发挥着重要的作用，她借助书信和礼物与希泰族的女王保持着良好的关系。

奈菲尔塔莉逝世后被隆重地安葬在王后谷。拉美西斯二世在她的墓碑上刻着他对她爱的表白："我对你的爱是独一无二的。当你轻轻走过我的身旁，就带走了我的心。"

阿布辛拜勒神庙的命运是多灾多难的，建成后不久，一场地震使它蒙受巨大损失，许多石柱和雕像断裂，受损的部分还包括神庙正面的整个上半部。大部分破损的地方随后得以修复，但当时的建筑师们却对雕像爱莫能助，只能任雕像的碎块散落附近。

拉美西斯二世死去几个世纪之后，这座建筑被完全荒废，沙子开始逐渐将其埋没，最终只剩下入口处巨大雕像的头部和肩膀露在外面。1813年，一位瑞士学者约翰·布克哈特发现了它。在继续沉睡4年后，意大利人乔丹·贝尔佐尼开始进行对其挖掘。经过几个月的工作，最终在沙石中开辟出一条道路。历经几千年之后，终于又有人能够走进这座神庙的内部。

过了很久，这座被拉美西斯二世选来代表自己强大势力和神圣天命的宏伟神庙又面临灭顶之灾，险些永远葬身于水下。1960年，埃及总统纳赛尔下令修建阿斯旺大型水库，水库建成后将形成一个长约500千米的人工湖，可以将许多不毛之地变成良田。这是一个对于国家来说至关重要的项目，但它却会将代表埃及法老文明的

↑ 阿布辛拜勒神庙内景

许多遗迹永远埋入水底，其中就有阿布辛拜勒神庙，这件事也使它在全世界的知名度迅速提高。

联合国教科文组织向世人发出了警报，并且发动了一次名副其实的拯救行动，世界上113个国家伸出了援助之手，向埃及提供人力、资金和技术。拯救计划是将阿布辛拜勒神庙拆成许多块，然后在离原地180米，地面抬高65米的地方，再将这些碎块重新组装起来。整个工程花费了5年时间，使用了2000多名工人、成吨的材料以及在考古史上从未有过的资源技术。在整个过程中，每一块砖头都被编上号以便于重新组装。重建后的神庙和原来的方位一样，它根据星座和阿斯旺大坝建成后的尼罗河走向而定，凸显的山峰也恢复了原样。

拓展阅读

赫 梯

赫梯大约形成于公元前19世纪中叶，初为小国，后以哈图斯（今波加科斯）为中心形成联盟，渐趋统一。赫梯在古巴比伦的后期逐渐强盛，常向两河流域侵扰，最大一次入侵发生在公元前16世纪初，赫梯军队攻陷巴比伦城，击溃古巴比伦王国。公元前16世纪后半叶，赫梯国王铁列平进行了改革，使赫梯的王权得到巩固，国势日盛。公元前15世纪末至公元前13世纪中期是赫梯最强盛的时期。

第四章 走近古埃及的建筑

直指苍穹的方尖碑

方尖碑是古埃及崇拜太阳的纪念碑，可以说是除金字塔以外，古埃及文明最富有特色的象征。方尖碑由早期伫立在神庙之前的一对石柱演变而来，其长方形的柱体直指苍穹，一般高达20多米，通常成对排列，守护神庙入口。方尖碑外形呈尖顶方柱状，由下而上逐渐缩小，顶端形似金字塔尖。方尖碑的基座通常都刻画上狒狒以赞美初升太阳的景象，说明它与太阳神信仰有关。

方尖碑一般以整块的花岗岩雕成，重达几百吨，它的四面均刻有象形文字，说明这种石碑的三种不同目的：宗教性（常用以奉献给太阳神）、纪念性（常用以纪念法老在位若干年）和装饰性。同时，方尖碑也是埃及王国权威的强有力的象征。从中王国时代起，法老们在大赦之年或炫耀胜利之时竖立方尖碑，而且通常成对竖立在神庙塔门前的两旁。

↑ 古埃及方尖碑

虽然现在已知早在古埃及第四王朝即有方尖碑，但遗物无存，仅知道当时建造的碑不超过3米，也不优美。现存最古老最完整的方尖碑属于古埃及第12王朝法老辛努塞尔特一世在位时所建，竖立在开罗东北郊原希利奥坡里太阳城神庙遗址前。这块方尖碑高20.7米，重121吨，是辛努塞尔特一世为庆祝国王加冕而建的。

开凿和运输方尖碑是一项艰巨工程。据记录，在石矿开凿出这种独块石料，用船从阿斯旺沿尼罗河运到底比斯费时7个月。在阿斯旺的哈特舍普苏特陵墓中就有描绘从尼罗河上用驳船运送方尖碑的图画。

在当时没有任何机械设备的情况下，如此高大而又沉重的方尖碑是如何竖立起来的呢？这一直是许多人感兴趣的问题。据说方尖碑是被这样竖立起来的：运到目的地后，人们将方尖碑抬上一个用土堆成的斜坡，然后由许多人在斜坡的那一边微微拉起方尖碑，另外一些人赶忙往方尖碑身下的空隙里填土，就这样一点点地填，最后将它竖直立于基座上。

大多数方尖碑由于自然的侵蚀或人为的破坏而倒塌了，如今埃及只剩下8块方尖碑了——除了辛努塞尔特一世的方尖碑外，还有哈特舍普苏特的方尖碑，图特摩斯一世的方尖碑，拉美西斯二世的3块方尖碑，拉美西斯三世的方尖碑以及塞提一世的方尖碑。还有一些方尖碑被入侵者搬走，散落到世界各地，比如罗马圣彼得大教堂和巴黎协和广场前的方尖碑。

拓展阅读

被搬到罗马的第一座方尖碑

在托勒密王朝时期和罗马帝国时期，罗马从埃及搬来的方尖碑总共13块，现在罗马城内的方尖碑比世界任何一个地方的都要古老。第一座在梵蒂冈的万神殿前的德拉·罗腾达广场上的方尖碑本来是有一对的，都竖立在海里奥波利司的拉神庙前。当它被带到罗马时，先是被放在依希斯神殿前，到14世纪时，被挪到主神山；1711年，教皇克莱芒十一世命人把它搬到了现在的位置，并在基座旁加一股喷泉。

第四章 走近古埃及的建筑

神秘的国王谷与王后谷

在尼罗河西岸，离底比斯不远处的一片荒无人烟的石灰岩峡谷中，在那断崖底下，是古埃及新王国时期安葬法老的地点。在几个世纪中，法老们命令人们在这些峭壁上开凿墓室，用来安放他们自己的木乃伊。这就是埃及著名的"国王谷"。

尼罗河将底比斯分为东、西两部。埃及民族信仰太阳神，古埃及人把太阳的东升看作新生，而把太阳的西落看作死亡（当然，古埃及人眼里的"死亡"并不是生命的终结，而是灵魂去了另一个世界，最终还是会借助保存好的木乃伊复活过来的）。所以他们将生活区和神庙都建在东区，而将陵墓建在西区。正因为这个缘故，国王谷位于西底比斯。

这里有一处雄伟的墓葬群，埋葬着古埃及最繁盛时期的第18王朝到第20王朝期间的60多位法老，其中有图特摩斯三世、阿蒙霍特普二世、图特卡蒙、塞提一世、拉美西斯二世等著名的法老。在这些陵墓中，最大的一座是第19王朝法老塞提一世之墓，从入口到最后的墓室，水平距

↑国王谷

离210米，垂直下降的距离是45米，巨大的岩石被挖成地下宫殿，墙壁和天花板布满壁画，装饰华丽，令人难以想象。墓穴入口往往开在半山腰，有窄小通道通向墓穴深处，通道两壁的图案和象形文字至今仍十分清晰。最著名的陵墓是20世纪20年代发现的第18王朝图特卡蒙的陵墓，这也是目前出土的保存得最为完整的一座陵墓。

国王谷是一个充满神秘色彩的地方，谁也不清楚它的来龙去脉。比较可靠的说法是国王谷始建于图特摩斯一世在位期间。

在古埃及一直有这样一个传统：当法老死后，将他安葬的同时，还要在陵墓上再建一座供奉法老"卡"（灵魂）的祭庙，与法老的木乃伊并存。古埃及人认为，人死后，通过"卡"，借助完好无损的遗体，才能实现复活。据说，露出地表的金字塔就相当于这样的祭庙。图特摩斯一世有感于先人的金字塔作为陵墓太过显眼，尽管防护严密，依然常常被盗墓者光顾。于是决定把自己的墓地同祭庙分开，他的墓地距祭庙大约1.6千米。他命伊南尼在底比斯山西麓隐蔽的断崖下的石灰岩壁上开凿了一条坡度很陡峭的隧道作为墓穴。他去世后，他的木乃伊就放在那里。从此以后的500年间，在这个山谷里，法老们就不断地沿用这种方式构筑自己的岩穴墓地。后来，

希腊人看到那通往墓室的长长隧道，觉得很像牧童吹的长笛，就把这种岩穴陵墓叫作"笛穴"。

为了防止盗墓贼，国王谷的陵墓设计得十分巧妙。设计者首先在峭壁上开凿一条坡度很陡的长甬道，然后在崖壁内开凿墓室和其他建筑。甬道中一般会设有一两个厚厚的暗门，使盗墓贼不易进入。甬道之后，便是一个宽阔的前厅，前厅的四壁设有暗门，其中只有一个暗门可以通向法老的墓室，目的在于迷惑盗墓贼。

关于法老陵墓的内部结构，特别是墓室的具体地点是绝对保密的，为图特摩斯一世设计陵墓的伊南尼曾在其陵墓铭文中这样写道："法老的岩洞陵寝是我一个人监修的，谁都没有见过，谁都没有听说过。""知道法老陵墓的具体地点和内部结构这件头等机密的工人有100人以上，这些人显然是不可能逍遥自在的。"由此推断，这些工人很可能在工程结束后都被处死了。

图特摩斯一世是为了防止盗墓才把岩洞陵墓修建在国王谷的，然而，历史注定了国王谷必定成为盗墓贼的天堂。

那些法老们在安葬他们的木乃伊时极尽奢华之能事，这在那些盗墓贼看来，这一个个墓室的诱惑实在太大了。在国王谷，法老们选定的墓穴位

第四章 走近古埃及的建筑

古文明浅读

永恒的北非文明——古埃及文明

置是彼此靠近的，不像过去那样分散，目的是为了便于集中守护，然而，这也恰恰给盗墓贼提供了方便。

令人十分震惊的是，在法老们的木乃伊安葬下不久，国王谷的陵墓就开始被盗墓贼频频光顾了。

例如，第18王朝的图特摩斯四世下葬不到10年，他的陵墓就被人洗劫一空，盗墓者还在墓室的墙上留下了得意的话语。

由于盗墓活动的猖獗，祭祀们不得不一次又一次地将法老们的木乃伊迁移出来重新秘密埋葬。拉美西斯三世的遗体前后改葬了3次，图特摩斯二世、拉美西斯二世的遗体也都曾被改葬别处。到最后，由于再也找不到合适的地方，只好将它们几具、十几具堆在一处。1881年，开罗博物馆的一位工作人员仅在一个秘密洞穴中就发现了40多具法老木乃伊！

随着时光流转，朝代更迭，过了三千年，国王谷早已成为一片破败不堪的荒漠。三千年来，一批又一批的盗墓者把这片山谷翻了一遍又一遍。直到19世纪，这里仍活跃着一支又一支盗墓匪帮，他们要么明火执仗，要么与当地政府或守护者相互勾结，进行疯狂的盗墓活动。可以想象，这里的陵墓遭到了怎样的浩劫——这个被四周的山脉包围的荒凉峡谷充满了死亡的阴影，当年豪华的墓穴已被洗劫一空，许多墓穴的入口敞开着，成为野狐、沙隼和蝙蝠的巢穴。

王后谷位于岩石山的西边，距国王谷不远。王后谷内有70多座第18、19、20王朝的女法老、王后、王妃、王子和公主的墓。

在古埃及，法老代表着神灵，他们的墓自然规模最大，壁画最精美，王后、王妃、王子和公主却没有这个待遇，他们墓的规模不及法老墓壮观，墓内壁画内容与法老墓也不相同，表现得自由奔放，反映了当时埃及人的

↑奈菲尔塔莉王后墓内壁画

生活习俗。

王后谷中最著名的要数第66号奈菲尔塔莉王后墓。她是19王朝伟大的法老拉美西斯二世的正妻。此墓号称是全埃及最漂亮的一座陵墓，由于所处的位置受到附近农田灌溉的湿气的影响以及游客呼吸所产生的废气的影响，墓穴内的壁画不断剥落。为了保护这珍贵的遗产，该陵墓每天只接待150位游客，而且每人限制参观时间只有10分钟，同时它是埃及门票最昂贵的景点，单价高达100埃磅，而吉萨金字塔的单价不过20埃磅。奈菲尔塔莉的陵墓的发掘是埃及考古史上继图特卡蒙墓的另一重大成就，墓内的壁画保存得非常完美，色彩鲜艳，画中的奈菲尔塔莉在众神相伴之下，身穿飘逸的白袍，头戴金冠，犹如仙女下凡般仪态万千。如今，埃及到处都有以她的美丽形象制成的各种工艺品，包括塑像、耳环和项链吊坠等，不胜枚举。

另一个有名的墓是第55号墓，这是阿蒙·海尔·科普赛夫王子墓。拉美西斯三世统治末期，古埃及爆发一场天花瘟疫，夺去了他几个儿子的性命，包括阿蒙·海尔·科普赛夫王子。在墓室的中央有一个巨大的石棺，在墓室一角的一个玻璃柜中可以看到一个灰白色的婴儿遗骸。从骨质分析，婴儿死时大约6个月大，他的双腿弯曲呈侧卧状。婴儿遗骸保存至今已有三千多年，不能不令人惊叹。

第四章 走近古埃及的建筑

哈特舍普苏特的祭庙

古文明浅读 永恒的北非文明——古埃及文明

在国王谷以东几千米的戴尔巴哈里，有一座宏伟壮丽的祭庙，它是由埃及历史上唯一的女法老哈特舍普苏特为自己修建的。令人惊讶的是，在埃及所有的祭庙中，这座女法老的祭庙最为壮观，她企图压倒所有男性法老的潜在意识在这座祭庙中得到充分的体现。

哈特舍普苏特在统治新王国第18王朝期间，她励精图治，埃及呈现出一派和平繁荣的景象。她在建筑方面也作出了不少贡献，她修复了很多被希克索斯人破坏了的建筑，并在卡纳克神庙立起了两座高达近30米的方尖碑。然而最为著名的还是她的自己建造的祭庙。这座祭庙修建在尼罗河西岸的群山之中，其隐秘和壮丽的程度都令人惊叹。

哈特舍普苏特祭庙是由她的宠臣塞尼穆特设计的。塞尼穆特曾是图特

↑ 哈特舍普苏特的祭庙

摩斯一世军队中的一名士兵，后来得到哈特舍普苏特的提拔，成为她的亲信。塞尼穆特曾非常自负地宣称自己

是全埃及最有才能的人,事实证明,这绝不是狂妄,他设计的这座祭庙确实是埃及最突出的建筑之一。

这座祭庙建在半圆状的梯形峭壁中,背依山岩峭壁中。塞尼穆特打破传统上陵墓建筑以巨大体量感取胜的陈规,采用构造精美,能产生丰富节奏感的平台和柱廊,巧妙地利用了断崖伸出的宽阔平台来建造主体建筑。它的最上层柱廊后面是殿堂本部,内殿则凿于山崖之中。这样,用白石建造的斜道、平台、长排的柱廊与悬崖的垂直沟壑相互衬托,人工与天然相辅相成。

女法老祭庙是一座依山而建的三层建筑。它由三座祭殿组成的,最大的是哈特舍普苏特女王祭殿,右侧是女法老丈夫图特摩斯二世的祭殿,再往右是已经荒废的阿蒙霍特普三世的祭殿。整座祭庙规模宏大,采用上下三层叠进的结构。

女法老对权力和声威的追求不亚于前朝任何一个男性法老,她大肆为自己树碑立传,在祭庙里的阿蒙神殿中,就有200多个哈特舍普苏特的雕像树立在各庭院和神庙中间。

整座祭庙的装饰非常精美,各种柱廊的墙面上都有华丽的彩绘壁画和浮雕。一些浮雕描述了女王神圣的诞生和她统治期间的大事,包括派遣贸易船队远征庞特,搬运碑石到卡纳克神庙,以及一些宗教活动。

哈特舍普苏特祭庙成功地利用了天然地形,与周围环境形成和谐的统一,被认为是古代建筑与自然景观结合得最好的杰作之一。如今,这座建筑虽然只留下一些残垣断壁,但因其工程浩大、设计精良,仍掩盖不住它那绝世的风姿。

你知道吗

祭庙前发生的惊世惨案

1997年11月17日上午10时左右,在哈特舍普苏特祭庙的入口处,6名恐怖分子突然端着冲锋枪向游客疯狂扫射,当场有60余名外国游客和埃及人被打死,20多人受伤。凶手在驾车逃跑的途中与闻讯赶来的警察展开枪战,被全部击毙。12月10日夜,埃及总统穆巴拉克登上祭庙,悼念无辜的生灵。奥斯卡最佳男主角欧马尔·谢里夫用英法两种语言宣读了《底比斯给世界的一封信》。这封出自诺贝尔文学奖得主纳吉布·马哈福兹之手,表达了埃及人民的心声。

第四章 走近古埃及的建筑

古文明浅读 永恒的北非文明——古埃及文明

追忆亚历山大图书馆

亚历山大图书馆到底是什么模样？如今已经无人知晓，因为它连一个石块实物也没有留下，人们只能从历史文献的零星记载中了解它。

它建成时，中国大约正是竹简流行，老子、孔子等诸子百家思想开始流传的年代。

亚历山大大帝本人的军事征服战争，客观上进一步促进了东西方经济与文化的交流。他死后，亚历山大城成为古埃及托勒密王国的首都。

约在公元前290年，托勒密一世想建立一座世界上最大的图书馆，并为自己的"梦之图书馆"网罗了世上最好最多的图书，以实现"世界知识总汇"的梦想。

托勒密一世为了实现创立亚历山大图书馆的梦想，下令将来往于亚历山大港口的各地商船都被扣留下来，直到船上的所有书稿、手稿被埃及人抄下来，才允许离开。当时，与埃及王国交好的各国统治者都将本国的书卷借给托勒密一世复制；图书馆的工作人员被派往远方购买成套的经典。

↑托勒密一世像

托勒密一世死后，他的后继者为了收集图书，都采取过非常手段。传说当时古希腊三大悲剧作家欧里庇得斯、埃斯库罗斯和索福克勒斯的手稿原本收藏在雅典档案馆内。托勒密三世得知此事，便以制造副本为由，先用一笔押金说服雅典破例出借，可最后归还给雅典的实际上是复制件，而真迹原件却被送往亚历山大图书馆了。

亚历山大图书馆建成后，亚历山大城就成了古代世界的科学、艺术、文化和哲学的中心，云集了世界上著名的艺术家和学者。这座图书馆堪称当时世界上第一的收集人类文明成果的资料库，同时还是一所大学。最鼎盛时期，该馆藏书达90万卷，是当时世界上藏书最多、文种最多、书目记录最全的图书馆。

通过各种正当不正当的手段，亚历山大图书馆迅速成为人类早期历史上最伟大的图书馆：拥有公元前9世纪古希腊著名诗人荷马的全部诗稿，并首次在图书馆将其复制和译成拉丁文字；藏有包括《几何原本》在内的古希腊数学家欧几里得的许多真迹原件，古希腊天文学家阿里斯托芬早在公元前270年就提出的关于日心说的理论著作，古希腊医师、有西方医学奠基人之称的希波克拉底的许多著述手稿，第一本希腊文《圣经》旧约摩西五经的译稿，古希腊哲学科学家亚里士多德和学者阿基米德等人著作手迹。此外，当时古埃及人及托勒密时期的许多哲学、诗歌、文学、医学、宗教、伦理和其他学科均有大批著述收藏于此。

另外，由于四方学者纷纷云集于此地，古希腊地理学家、天文学家、数学家和诗人的埃拉托色尼，古希腊文献学家亚里斯塔克等不少历史名人都曾出任过亚历山大图书馆的馆长。而诸如哲学家埃奈西德穆，数学家、物理学家阿基米德等睿智圣贤也均在此讲学、求学，使该图书馆享有"世界上最好的学校"的美名。

亚历山大图书馆的消失同样充满了神秘色彩。现今人们只知道它可能毁于两场大火。传说公元前48年，罗马统帅恺撒在法萨罗战役中获胜，追击庞培进入埃及，进而帮助当时的女王克丽奥佩特拉争夺王位，在作战时放火焚烧敌军的舰队和港口。这场大火蔓延到亚历山大城里，致使图书馆遭殃，全部珍藏过半被毁。这是第一场大火。

约公元610年，先知穆罕默德开始传播伊斯兰教，630年以后，伊斯兰教基本统一了阿拉伯半岛。传说中的第二场"大火"就发生在公元642年。当时，阿拉伯将领阿慕尔占领了亚历山大。有学者曾斗胆进言，希望保存那些"火口余生"的珍贵典籍，阿慕尔向阿拉伯国王请示，得到的答复是：如果与我们传授的教义内容一致，那它们就无存在的必要；如果与我们的

第四章 走近古埃及的建筑

教义不一致，那就更该毁掉。于是逃过第一场大火的典籍这次未能幸免，又遭劫难，被运到当地一处公共浴室当作燃料烧，据说整个过程持续了约6个月。

古代亚历山大图书馆彻底被毁，埃及的亚历山大大学在1974年提出重建图书馆的想法。但这样浩大的工程，在财力和物力上绝非埃及一国所能及。于是埃及求助于联合国教科文组织，并向世界各国发出呼吁，结果得到了积极的响应和帮助。

经过长达7年的修建，新亚历山大图书馆于2002年10月16日在举世瞩目下"复活"了，面向全世界开放。

埃及希望"复活"的亚历山大图书馆仍能成为世界上最大的图书馆之一，并专门收藏埃及古代的珍贵手稿和世界各地的著名图书。

亚历山大图书馆现已成为亚历山大城的一个新景观。将一个业已在地球上彻底消失、且遗存资料极少的图

↑ 重建的新亚历山大图书馆

书馆"复活"成现在这个模样，毫无疑问，它是国际合作的结晶。埃及人称它是"埃及了解世界的窗口，世界了解埃及的窗口"，并希望它能成为国际文化交流的场所。

亚历山大图书馆在相当长一个历史时期里曾经是古代人类"知识与科学的灯塔"。"复活"在地中海滨的现代亚历山大图书馆不仅以其造型奇特的建筑外观和丰富的馆藏吸引世人，肯定还会因它的"身世"和神秘的传说而倍添魅力，为埃及丰富的旅游资源再添加一道独特的风景。

拓展阅读

托勒密一世

托勒密一世（公元前367年—前283年）是埃及托勒密王朝创建者。公元前323年，在亚历山大帝国第一次分裂时，他根据继业者决议成为埃及的总督，并于公元前322年杀死前总督克里奥米尼。公元前321年，他击退帝国摄政帕提卡的进攻。公元前305年，他效仿其他继业者宣布自己为王，建都亚历山大港，并在该地修建亚历山大图书馆。

七大奇迹之一——亚历山大灯塔

古文明浅读 永恒的北非文明——古埃及文明

关于亚历山大灯塔的修建，有这样一个传说：公元前280年秋天的一个夜晚，月黑风高，一艘埃及的皇家喜船驶入亚历山大港，由于辨不清航向，误入礁区，触礁沉没了。船上的皇亲国戚及从欧洲娶来的新娘全部葬身鱼腹。这一悲剧震惊了埃及朝野上下。埃及法老托勒密二世下令在法罗斯岛的东端，亚历山大最大港口的入口处修建导航灯塔。

以上只是一个传说，其真实性不可考。不过可以肯定的是，亚历山大灯塔的出现同当时亚历山大城繁盛的经济活动有关。海上贸易频繁，各国商船云集海港，迫切需要有一座灯塔来指引船只夜间进进出出。

负责灯塔设计修建的是希腊的建筑师索斯查图斯，经过无数人艰辛的努力，前后持续了40年，一座雄伟壮观的灯塔才建成。它立于距岛岸7米处的石礁上，人们将它称为"亚历山大灯塔"。

亚历山大灯塔高130多米。塔基为方形高14米；塔楼由三层组成：第一层是方形结构，高约71米，里面约

↑亚历山大灯塔遗址景区

有50个大小不等的房间,用作燃料库、机房和工作人员的寝室。第二层是八角形结构,高约30米。第一层与第二层相接的平台四端分别安着海神波塞冬的儿子吹海螺号角的青铜铸像,该装置是用来测量风向的。第三层塔身最细,呈圆柱形,高约15米。三层塔身之上是一圆形塔顶,其中有一个巨大的火炬不分昼夜地冒着火焰,这就是导航室,又叫灯楼。在灯楼上还矗立着一座8米高的太阳神站立姿态的青铜雕像。

整个灯塔的面积约930平方米。整座灯塔都是用花岗石和铜等材料建筑而成,灯的燃料是橄榄油和木材。灯塔内部是螺旋状阶梯,燃油沿阶梯运往塔顶。灯楼内装有巧妙的铜镜,可以从塔顶观察海面动静。白天铜镜将阳光聚集折射到远处,引起航船的注意;夜幕降临后,由凹面金属镜反射出来的耀眼的火炬火光,据说能照射到56千米外的海面那么远。

亚历山大灯塔建成后,它当之无愧地成为当时世界上最高的建筑物。夜夜灯火通明,兢兢业业地为入港船只导航,它给舵手带来了一种安全感。它同时还具有防卫和侦察敌人的功用。

亚历山大灯塔也像古埃及一样是多灾多难的。7世纪时,它被占领埃及的异族统治者下令拆毁,后来经过修复。随后又遭受了几次大地震,仅14世纪初叶它就遭受了3次地震,并在1326年的那次地震中彻底被摧毁。

拓展阅读

波塞冬

波塞冬是希腊神话中的十二主神之一,他是克洛诺斯与瑞亚之子,宙斯之兄,地位仅次于宙斯,曾爱过美杜莎。与提坦神(泰坦)的提坦之战结束之后,波塞冬成为伟大而威严的海王,掌管环绕大陆的所有水域。他有呼风唤雨之术,并且能够掀起或是平息狂暴的海浪。手持三叉戟是他的标志,他乘坐铜蹄金鬃马驾的车掠过海浪。

第四章 走近古埃及的建筑

古埃及人发明创造了许多对后世影响深远的东西。他们掌握有高超的数学知识,在几何学、历法等方面有很大的成就。他们的医学成就是非常突出的,其防腐技术与外科手术在当时世界上是第一流的。他们具有非常高超的首饰加工工艺,制作出的工艺品精美绝伦。一般认为纸是中国的四大发明之一,其实古埃及的纸莎草纸距今至少有五千年!古埃及创造的象形文字对后来腓尼基字母的影响很大,希腊字母则是在腓尼基字母的基础上创建的。浮雕和壁画是古埃及陵墓和神庙等建筑装饰中不可缺少的组成部分。

第五章

古埃及的科技和文学、艺术

与尼罗河紧密联系的农业

古埃及人很早就懂得农业是与季节变化密切相关的。在埃及的历史上，农业与尼罗河的联系非常紧密。可以这样说，没有尼罗河就没有古埃及农业。所以在埃及世代流传一句很有名的话：埃及是尼罗河的赠礼。

尼罗河是世界上最长的河流，滚滚洪流为埃及人带来了生存的希望。埃及几乎常年不降雨，因此尼罗河水成了其流域所有植物和动物的生命之源。

许多世纪以来，尼罗河在河谷地带定期泛滥，埃及人因此找到了一个固定方式来应对这些泛滥的季节。泛滥期是从每年的7月一直持续到12月。在这段日子里，耕地被淹没，农民们用自治的灌溉系统将河水引到尼罗河不经过的土地上。动物们在这个时期都迁移到了安全的高地上。泛滥以后的时期是寒冷的季节，它从12月持续到3月为止。种子在这个时期被播种。从3月到7月，气候干燥，这是一个繁忙的季节，埃及人忙着收获和存储谷物。

尼罗河泛滥时期，河水水位平均高度为8米。虽然来自埃塞俄比亚的季风降雨是可以被预测的，但是尼罗河水的泛滥高度却是不可知的。如果河水的高度低于8米，埃及就会出现饥荒；如果高过8米，则又会出现水灾。当尼罗河的泛滥即将来临时，人们都会对水位进行预测，通常也会因为预测的水位过低或过高而造成恐慌。

尼罗河下游地带是泛滥平原，这里是埃及最肥沃的土地，埃及的绝大多数庄稼都是在这儿生长。由于长时间在这一地区的耕作，致使这个地方变成了富饶的土地。

古埃及人用于农业的工具有：犁、镰刀、锄头、叉子、铲子、篮子、小

↑古埃及人的劳动场面

船和筛子等。农民们也会使用牛、驴、羊等动物来帮助他们耕作。

古埃及人将谷物的耕作分为八个步骤：（1）用木制的斧头来犁地，通常会利用一些动物来帮忙。（2）用手来播种，此时会用山羊在刚刚播种过的土地上来回走动，驱赶偷吃种子的鸟儿。（3）谷物成熟了，农民们便会准备收割。埃及人用镰刀来收割成熟的庄稼。（4）将收割下来的谷物捆扎起来，然后放在驴背上，驮到一个干燥的地方存放。（5）接下来就是打谷了，收割的谷物被铺在地上，然后用驴来碾磨使谷物与谷壳分离。在中王国时期，通常使用母牛来完成这一工作。（6）下面一个步骤经常在墓中壁画上看到，妇女们用木叉将重量较轻的谷壳和稻草从谷粒中扫除。她们会用由芦苇和棕榈叶制成的筛子来滤出较长的谷壳和杂草。（7）把收割的谷物储藏起来。

古埃及人十分注重谷物的耕作，他们以这些谷物为食。大麦和小麦被用来制作面包和啤酒。多余的谷物被出口到周边国家。谷物的出口使埃及的国库收入增加。

古埃及人食用的蔬菜主要是：洋葱、韭菜、豆子、小扁豆、大蒜、萝卜、卷心菜、黄瓜和莴苣等。他们食用的水果有：枣子、无花果、葡萄、石榴和各种瓜类。埃及有着种类繁多的花卉，大量的蜜蜂传播花粉和制作蜂蜜，埃及的妇女们养蜂采集蜂蜜，并且用这些蜂蜜来制作甜点。埃及盛产亚麻和纸草，古埃及人便用亚麻来织布，用纸草来做鞋子、小船、纸和席子。

你知道吗

世界上最长的河流

尼罗河是一条流经非洲东部与北部的河流，尼罗河长6670千米，是世界上最长的河流。它非常古老，约在6500万年前的始新世就已存在。它的河道虽曾发生多次变迁，但它总是向北流。尼罗河有两条主要的支流，白尼罗河和青尼罗河。发源于埃塞俄比亚高原的青尼罗河是尼罗河下游大多数水和营养的来源，白尼罗河则是两条支流中最长的。

古文明浅读 永恒的北非文明——古埃及文明

埃及人饲养动物，有的是用于耕种，有的是作为食物，有的是为了它们的皮革，有的是用来取奶，动物的粪便则可以用来烧火。埃及人饲养的动物有：牛、山羊、猪和鸭子等。大约在公元前1600年，马和驴从亚洲被引进埃及。

在古埃及，大多数的人都会从事与农业相关的事情。农业对于埃及来说是一个社会性的经济活动。即使是贵族或者书吏，也不会被排斥在农业活动之外。贵族们通常要进行相关的农业活动，他们要指导属于自己的那片农田的耕作。在古埃及，许多人都是全职的农民。他们为富有的地主工作，他们得到食物、衣服和居住地。一些家庭从地主那儿租用土地耕作，他们将自己的收成按比例交给地主作为租金。

如今，农业仍旧是埃及社会不可或缺的组成部分。许多埃及人仍旧在使用一些传统方法进行耕作。埃及是一个农业大国，埃及古老的农业科学技术是他们宝贵的知识财富，古埃及人的勤劳精神继续鼓舞着现代的埃及人。

非凡的数学成就

古埃及人在数学上有非凡的成就，他们的伟大建筑艺术与高超的数学成就密不可分。

尼罗河是埃及人生命的源泉，他们靠耕种河水泛滥后淤土覆盖的田地谋生，他们得准备好应付洪水的危害，因此必须预报洪水到来的日期。这就需要计算。尼罗河定期泛滥，淹没全部谷地，洪水退后，要重新丈量居民的耕地面积。由于这种需要而产生了古埃及的几何学，古埃及人研究出计算矩形、三角形和梯形面积的方法。

在古埃及前王朝时期，古埃及人就创立了完整的数字符号，采用了十进位制。1 是用一根绳子来表示，10 是用倒立的 U 形绳子表示，100 是用一段卷起来的绳子，1000 是用一种测量绳的把手表示，1 万是用一个手指头表示，10 万是小蝌蚪形状，取其众多之意，100 万是一个双手高举的人。

在古埃及的代数中实际上没有成套的记号，加法和减法用一个人走近和离去的腿形来表示。

古埃及人创建了完整的运算法则。有加法、减法、倍乘、分数算法，以及一元一次方程和一元二次方程，主要以生活中的实际应用题目出现。

古埃及人也有算立方体、箱体、柱体和其他图形体积的法则。有些法则有些是对的，有些则只能算是近似的。这里最了不起的法则要算用来计算棱台体积的公式。棱台底是正方形，这个公式用现代语言来表达是：$V = h/3(a^2 + ab + b^2)$，h 是高，a、b 是上下底的边长。这个公式不仅正确，而且形式是对称的。

纸草书还给出圆面积的计算方法：将直径减去它的 1/9 之后再平方。计算的结果相当于用 3.1605 作为圆周率，不过在当时他们并没有圆周率这个概念。

古埃及人把几何和算术合在一起。古埃及人和古巴比伦人一样，把几何看成实用工具，他们把算术和代数用来解有关面积、体积和其他几何性质的问题。

古埃及人把他们的天文知识和几何知识结合起来，用于建造他们的神庙，使一年里某几天的阳光能以特定方式照射到庙宇里的神像。

古埃及人建造了许多金字塔，作为法老的陵墓。从金字塔的结构，可知当时古埃及人已经懂得不少天文和几何的知识。例如，其基底直角的误差与底面正方形两边边长的偏差都非常小。

出于对平面几何和立体几何的深度认识，古埃及人在丈量土地和建筑设计方面有自己的高明之处。比如，古埃及吉萨金字塔就是4个等腰三角面的建筑，非常精确并与天上猎户座的3颗星星位置暗合。再比如，古埃及人丈量土地和征收租税时计算圆形面积的公式与现在的计算公式相差无几。

拓展阅读

巴比伦人

公元前2006年，阿摩利人入侵两河流域，摧毁了阿卡德人和苏美尔人建立的乌尔第三王朝。公元前1894年左右，阿摩利人建立起一个以幼发拉底河河畔的巴比伦城为首都的王朝。从那时起，美索不达米亚就被称为"巴比伦尼亚"，那里所有居民都被称为巴比伦人。

突出的天文学成就

马克思说："计算尼罗河水涨落期的需要，产生了埃及的天文学。"这就是说，人类关于天文学的知识产生于对自然界的观察。每年7月，尼罗河洪水泛滥，从上游冲来肥沃的土壤，使农作物得以茁壮成长。由此，古埃及人产生了"季节"的概念。

古埃及观察天象的工作最初是由僧侣们担任的，他们注意观测太阳、月亮和星星的运行，并从很早的时候起就知道了预报日食和月食的方法。可惜这种方法是严格保密的，详细情况今人不得而知。

古埃及人制定了自己的历法。他们的历法是从观测天狼星得到的。夏天，天狼星在黎明前从东方升起来的时候，尼罗河就开始泛滥。埃及人把这看作是圣河泛滥的预告，因而视天狼星为神明，顶礼膜拜。他们修造庙宇，祭祀天狼星，祈求丰收。埃及女神伊西丝的庙门正对着天狼星升起的方向。也有人认为著名的埃及金字塔就是用来观测天狼星用的。

↑法老向伊西丝献礼

非常有趣的是，天狼星的埃及象形字也是三角形的，很像金字塔的形状。古埃及人把这一次黎明前天狼星

古文明浅读 永恒的北非文明——古埃及文明

从东方升起，到下一次黎明前天狼星又从东方升起之间的时间定为一年，并把黎明前天狼星升起的一天定为岁首，这叫作狼星年。狼星年的长度是365.25天，与今天的精密数字365.2422天很接近。他们根据月亮的圆缺变化，把全年分成12个月，每月30天，余下的5天作为节日之用；同时还把一年分为3季，即"泛滥季"、"生长季"、"收割季"，每季4个月。希罗多德说："埃及人在人类当中第一个想出用太阳年计时的办法，他们的计时办法，要比希腊人的办法高明，因为希腊人每隔一年就要插进去一个闰月，才能使季节吻合。"古埃及人的历法是现代历法的祖先。

古埃及人把昼和夜各分成12个部分，每个部分为日出到日落或日落到日出的时间的1/12。古埃及人用石碗滴漏计算时间，石碗底部有个小口，水滴以固定的频率从碗中漏出。石碗标有各种记号，用以标志各种不同季节的小时。

古埃及的占星学是很发达的。正如古埃及文明的特色一般，他们的十二星座也是以古埃及的神来代表的。

古埃及人除了知道北极星附近的星星之外，从出土的棺盖上所画的图像上可以肯定，他们认识的星座还有天鹅座、牧夫座、仙后座、猎户座、天蝎座、白羊座以及昴星团等。古埃及人认星的最大特征是把赤道附近的星星分为36组，每组可能是几颗星，也可能是一颗星。每组管10天，所以叫作旬星。当一组星在黎明前恰好升起的时候，就标志着这一旬的到来。

你知道吗

天狼星是一个双星系统

天狼星是冬季夜空里最亮的恒星。1844年，德国天文学家贝塞尔根据它的移动路径出现的波浪图形推断天狼星是一个双星系统，因为该星在附近空间中沿一条呈波形的轨迹运动，从而得出它有一颗伴星的结论。这颗伴星于1862年被美国天文学家克拉克用他自制的当时最大的口径4.7米折射天文望远镜最先看到。这个双星系统，包括一颗光谱型A1V的自主序星和另一颗光谱型DA2的暗白矮星伴星天狼星B。

卓著的医学成就

古埃及人的医学成就是卓著的。人们为了生存，维持自己的生命，必须与疾病作斗争。最初，古埃及人把疾病看成是一些恶魔在作祟，所以主要是用咒语和仪式驱逐魔鬼。他们在长期的生死斗争中逐渐积累了一些医治的科学经验，包括医术和药物。最早的医师是祭司，他们在社会上享有崇高的地位，训练医师的学校就设在神庙内。

古埃及产生了很多伟大的医生，他们所建立的规范，甚至连世人称为"医学之父"的希波克拉底（希腊医生，公元前460—前357）也由衷地佩服。埃及医学很早就分了不同的专业，有专攻产科的，有专攻胃科的，有专攻眼科的。古埃及人医术精深，早已在国际知名。在波斯王居鲁士的御医中，就有一位埃及医生。除专科医生外，古埃及还有全科医生，他们多半是平民。这些医生除能治各种疑难病症外，还会化妆、染发、修饰皮肤手足及灭绝蚤虱等。

古埃及人所患之病为数不少。根据木乃伊及卷本研究，他们所患之病有：脊髓结核、动脉硬化、胆结石、天花、小儿麻痹、贫血、畸形性脊椎炎及软骨发育不全等。

在古埃及的医学纸草文献上有好多医疗疾病的处方，仅埃伯斯纸草文献中便有1000种，其中有些成分至今尚未完全弄清楚。埃及人最常用的药物是蜂蜜、麦酒、酵母、油、枣、葱、蒜、茴香等，其次为没药、芦荟、红花等；入药的包括海马、鳄鱼、羚羊、虫、鸟等动物的脏器；入药的矿物有锰、铝、锑、铜、碳酸钠等。药物制作成丸剂、栓剂、吐剂、灌肠剂、糊剂和软膏等。他们还把栓剂插入阴道治疗妇科疾病。

第五章 古埃及的科技和文学、艺术

古文明浅读 永恒的北非文明——古埃及文明

在第11王朝的一位王后陵寝内，人们发现了一个药柜。柜中藏有药钵、药匙及许多丸药与草药。古埃及之处方，大半介于药物与符咒之间。一般而言，多数是两者并用。古埃及人之药物极为奇异，有名的有：蜥蜴血、天鹅耳、天鹅齿、龟脑、孕妇乳、童女便、人粪、猴粪、狮粪、猫粪、虱粪、古书烧灰调油、腐肉、腐油等。古埃及人相信，以动物油摩擦可治秃头。诸如此类偏方，曾由埃及传至希腊，由希腊传至罗马，由罗马传至欧美各国。

埃及的外科手术也很出名。医师们使用的外科器械首先是刀。最初是石刀，后来才发明了铜刀和铁刀。他们用刀切开腹部，去除脓或摘除肿瘤；用裹缚的方法治疗骨折脱臼。此外，还有剪刀、钩子等手术器械，这些发展得十分完善。

古埃及医生对于内科疾病有相应的医疗手段，他们用酒、蜂蜜、鹿茸、龟板、草药根茎和动物的脂肪制成药剂，以治疗内科疾病。

古埃及医生治病过程是很科学的，有一种叫埃德温·史密斯的卷本，此卷本因由史密斯发现而得名。该卷本长达4.5米，出现的时间约为公元前1600年。就其内容来看，可以称得上是历史上最早的医学著作。该卷本记载有临床手术48种——从颅骨碎裂到脊椎骨挫伤。每种手术均按很严谨的步骤进行：①初步诊断；②详细查验；③症状讨论；④再诊断；⑤判定病情；⑥治疗。最令人惊异之点在于，卷本作者曾以极肯定的语气说："控制下肢之器官，不在下肢而在脑部。"此等观点，即使在18世纪的医学家看来仍是非常新颖的。

古埃及的医学成就最杰出的表现之一就是制作木乃伊，它们能历经几千年而保持完整的体形，做到肤发未损。从它们身上，人们甚至能感受到法老生前安详的姿态和迷人的笑容。

通过制作人体木乃伊和动物木乃伊，古埃及人熟知了人和动物的各种器官的形状、位置，并知道了某些器官的功能。在埃及象形文字中，有100多个解剖学名词。在"埃伯斯纸草卷"里，有专门记述人类心脏运动的内容。古埃及人把心脏看成是人体最重要的器官，是人的生命和智慧之源。因此他们在制作木乃伊时把心脏留在体内。

在古埃及，由于人们的丧葬习惯而制作木乃伊，因此解剖学特别发达。在古王国时代，制作木乃伊仅仅从腹部切口。到了新王国时代，人们学会了用钩子掏出脑髓等医术。

通过对古埃及木乃伊和各种资料的研究，没有发现梅毒和癌症。人类小脚趾骨之萎缩，一般多归咎于穿鞋，古埃及人不分贵贱老幼一律赤足。

为了预防疾病，古埃及人以灌肠、断食、呕吐等方法增进健康。这些方法，有的三四天进行一次，有的每天进行一次。他们的理论是，吃进身体之食物，除一小部分可以滋养身体外，大半是废物，这些废物如不清除，久之足以使人致病。

古埃及人之所以有这种理论，可能是从朱鹭学来的。朱鹭，古埃及人视之为神鸟。这种鸟为了对付便秘，常常自行灌肠。它使用的灌肠器，是它那副长嘴巴。

这样做是否有效果呢？世界上第一位文明史作者，古希腊历史学家希罗多德曾经说："全世界最健康的民族是利比亚人，埃及人之健康仅次于利比亚人。"

拓展阅读

希波克拉底

希波克拉底（公元前460—前370）是古希腊的一位医生，据说现代西方的医学科学体系是从他开始的。他认为，人类正如宇宙中的其他部分一样，是由四种元素——土、气、水、火组成的，这四种元素和人体中的四种液体黑胆汁、黄胆汁、血液和黏液相对应。这四种液体处于平衡时，人是健康的；失衡时，人会得病。这种理论一直延续到19世纪。希波克拉底留下的《希波克拉底誓言》的影响非常深远。在西方，几乎所有学医的学生入学的第一课就要学它，就职前还要以之正式宣誓。

古文明浅读 永恒的北非文明——古埃及文明

高超的首饰加工工艺

早王朝时代的埃及开始有一些铜器制品，真正开始广泛使用铜器制品是从古王国时代开始，当时铜石并用的局面依然被保持。古埃及人的基本生产工具主要是以铜制作的刀、斧子、凿子、锛、锯等。他们就是用这些生产工具建造出了包括金字塔在内的许多堪称奇迹的建筑，雕凿的痕迹依旧保留在这些建筑身上。从第五王朝和第六王朝的壁画中可以看到，古埃及人掌握了对铜的熔炼和锻造的手工艺。

除了铜，古埃及人加工的金属还有铅、金、银和铁。从古埃及法老胡夫的母亲海泰斐丽丝墓中出土的文物证明，在古埃及，银子比金子更为稀少和贵重。对于金属的大量需求，必然引发古埃及王国对周围矿山的开采，甚至不惜采取战争手段来掠夺。

古埃及人对首饰的使用相当广泛，社会上的各个阶层人士，上至法老，下到平民，人人都佩戴首饰，甚至连神兽也不例外。古埃及法老、贵族的首饰多用贵重金属和半宝石制成。贵重金属主要指金银的合金，因为埃及国内盛产黄金，而白银则十分稀有，

↑ 精美的首饰

且金银合金较为耐用。半宝石是指介于宝石和石头之间的各种色彩斑斓的矿石，比如，绿松石、孔雀石、石榴石、玉髓、青金石等。平常百姓所戴的首饰一般用釉料制成，通常以石英砂为胎，再饰以玻璃状的碱性釉料，也可以在石子上涂釉彩而成。

古埃及制作首饰的材料多具有仿天然色彩，取其蕴含的象征意义。金是太阳的颜色，而太阳是生命的源泉；银代表月亮，也是制造神像骨骼的材料；天青石好似保护世人的深蓝色夜空，这种材料均从阿富汗运来；来自西奈半岛的绿松石和孔雀石象征尼罗河带来的生命之水，也可用利比亚沙漠的长石甚至绿色釉料代替；尼罗河东边沙漠出产的碧玉像新鲜蔬菜的颜色，代表再生；红玉髓的颜色像血，象征着生命。

古埃及首饰的种类主要有项饰、耳环、头冠、手镯、手链、指环、腰带、护身符及项饰平衡坠子等，它们制作精美，装饰复杂，并带有特定的含义。例如，一件第12王朝的腰带由贝壳、护身符和珠饰组成，材料包括天然金、银、玉髓、紫晶、青金石和玻璃等。该贝壳中空，由银金制成。古埃及人认为贝壳与女性生殖器的形状相似，可起保护作用。两个以天然银金制成的中空护符，代表一束继承王位者的发式。两个鱼形护身符，用以祈求佩戴者免被水淹。古埃及人有将珍贵金属与色彩艳丽的半宝石串连的爱好，代表着当时珠宝佩饰工艺的高度成就。当胸前佩戴的项饰过重时，用项饰平衡坠子平衡其重量，常佩于背后两肩胛骨的中间。平衡坠子的基本形状像个钟摆，和项饰一起，原为供奉的女祭司们专用，后来所有贵族妇女都佩戴它，以示对神的尊敬。项饰象征着死后复生和多子，平衡坠子

↑太阳神饰品

第五章 古埃及的科技和文学、艺术

佩于背后则有庇佑之意。

　　代表古埃及首饰最高成就的当然是法老的首饰。法老墓中曾随葬了大量精美无比的珍宝首饰，但历经多年的盗掘，大多流失。在为数不多的未被盗掘的法老墓中，第18王朝法老图特卡蒙墓的首饰最为有名。除上述实物外，古埃及的雕像、浮雕及图画上人物所佩戴的首饰，也以其逼真的刻画，向今人展示着古埃及人在首饰工艺上的辉煌成就。

拓展阅读

孔雀石

　　孔雀石由于颜色酷似孔雀羽毛上斑点的绿色而获得如此美丽的名字。中国古代称孔雀石为"绿青"、"石绿"或"青琅玕"。孔雀石是一种古老的玉料，产于铜的硫化物矿床氧化带，常与其他含铜矿物（蓝铜矿、辉铜矿、赤铜矿、自然铜等）共生。世界著名的产地有赞比亚、澳大利亚、纳米比亚、俄罗斯、刚果（金）、美国等国家。中国主要产于湖北省大冶、广东省阳春和江西省西北等地区。

最古老的纸 莎草纸

纸是中国的四大发明之一，很多人认为中国人是纸的鼻祖。其实在1898年，考古学家们就从开罗附近的法老墓葬品中发现了绘制精美的纸画，这些用来作画的纸莎草纸距今至少有五千年。随着异族的入侵，古埃及文明的消失，纸莎草纸的制造中断了两千年。这期间，中国的造纸技术通过丝绸之路传到了西亚、中东和欧洲，其中也包括埃及。

应该说，古代人类的造纸有两个源头，分别是埃及和中国。由于古埃及历史中断，造纸技术一度失传，所以对人类文化的发展失去了影响。中国的历史却延绵不断，造纸术发明以后传遍全世界，对人类文化的传承发挥了巨大作用。

古埃及纸画所采用的纸是直接取自尼罗河三角洲生长的一种水草——纸莎草（或叫纸草）。这种草生着修长

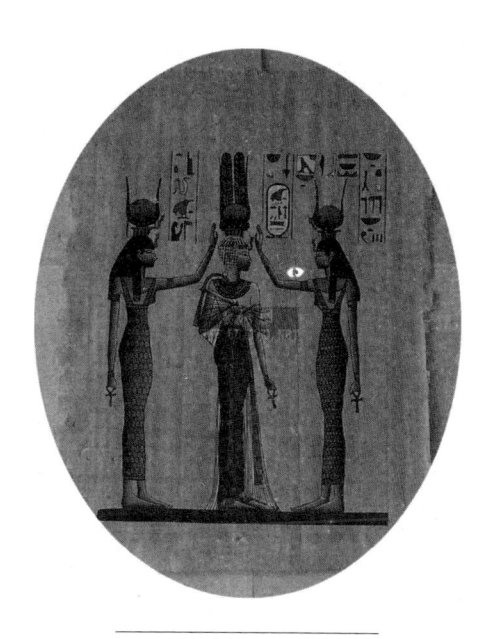

↑绘在纸莎草纸上的画

的叶子，中间伸出一根根大拇指粗的长长的茎秆，最长达5米，顶端开花，状似灯芯草。古埃及人用刀割下这茎秆，切成一段段，削去绿色的外皮，再将里边甘蔗一般白色的茎心切成极

薄的片儿，浸泡在水中，几天后取出来，用圆形木棍擀去茎片里的水分和糖分，以防生虫，然后把这些薄薄的茎片像编竹席那样编成一张张，放在重物下轧平，便成了一种草制的纸，也称纸莎草纸（也称纸草纸）。中国东汉蔡伦的造纸方法是将树皮和麻布漂洗和粉碎，先制成纸浆，再造为纸。在原理上它们的相同之处是，都利用了植物的纤维；不同之处是，一个是将原料的直接利用，一个是将原料分解和再造。

纸莎草纸光洁柔韧，富有弹性，纸面上有草茎的纤维经纬交织，非常美观。而且纸莎草纸经过编织与黏结，可以很大。在出土的纸莎草纸中，最长的竟有 40 米，它的使用价值也就很高。

纸莎草纸很像中国古画年深日久后的颜色，古雅柔和。古埃及最早使用的书写墨水是黑色和红色。红色如同砖红，黑色相当于中国的墨色，用以勾勒形象轮廓。

自从古埃及人发明和创造了可以书写和绘画的纸莎草纸，他们的文化就更加灿烂辉煌。他们的生活、事件、思想、宗教得以记载下来。古埃及的历史有了记录，文化有了积累，有珍贵的文献传之后世。

富有才华的古埃及人将他们画在石壁上、泥板上和陶片上的美丽的图画搬到纸莎草纸上来，由此诞生的纸画便成了古埃及艺术最富魅力的形式之一。

↑纸莎草

古埃及的纸画以线描为主，线条勾画准确，线条中间涂色彩。这些颜料都是使用动植物和矿物的原色，所以绚丽明朗，富于装饰意味，与早期中国工笔重彩很相似。还有，他们使用的笔也是用这种草茎削成的，茎秆柔软，因此线条很少尖锐锋利，缺少中国的毛笔那样丰富的变化。然而，艺术总是在限定中创造自己的，为此古埃及的绘画才分外的简洁、凝重和古朴。

古埃及的文化在阿拉伯人征服埃及后渐渐地消失，纸画也随之被黄沙淹埋。直至1798年拿破仑的军队入侵发现了古埃及的遗迹，古埃及的文明才被重新发现并惊动了欧洲。一百多年来，随着西方考古学家蜂拥到埃及，发掘法老墓葬，古埃及的纸画得以重见天日。但此时它仅仅是珍贵的历史文物，古老的造纸技术早已失传。

1956年5月，中埃建交，曾任埃及驻华大使哈桑·拉加卜对古代的纸莎草纸有特殊的兴趣。1968年，哈桑·拉加卜退休，他潜心研究纸莎草纸制造技术，终于找到了古人的方法，货真价实的纸莎草纸重新被仿制出来。他还将古埃及的绘画成功地再现在纸莎草纸上。阔别已久的古埃及纸画由此重获新生。如今，在埃及已经可以买到这种绘制精美、风情别样的纸画了。

拓展阅读

哈桑·拉加卜的中国情结

哈桑·拉加卜，于1956—1959年出任埃及驻中国大使。中国和埃及同为文明古国，又都是造纸术的发明国。工程师出身的拉加卜希望从中国造纸术中受到启迪，使古老的埃及造纸术焕发青春。拉加卜对中国家庭作坊式的小造纸业系统产生了浓厚的兴趣，他认为这一系统非常适合纸莎草纸制造业，便建议埃及政府发展类似的造纸系统。但他的建议并未被采纳，于是他决心自己创办这一系统。1962年，他开始了拯救纸莎草造纸术的探索和实践。1968年，他索性辞去官职，潜心于造纸术的研究，终于获得了成功。

使用了 3400 多年的象形文字

古埃及的象形文字最早出现在公元前 3000 年，一直使用到公元 4 世纪，存在时间 3400 年左右。

在古埃及的神话传说里，创造文字的是图特神。这是一个长着朱鹭鸟头、人身的神，他接受神的启示，教人们书写、计算和历法。图特同时又掌管知识和魔法，其崇拜中心是上埃及的赫摩波里斯。有的学者据此认为，可能古埃及文字的发明，是由于人们看到河边沙地上鸟的足迹，从中得到了启发。

人们往往以为古埃及人最早的文字更接近图画文字。其实不然，古埃及人较早的文字资料内容多涉及经济事务，有许多抽象的信息，如类似"优质利比亚油"、"焙烤值为 30 的面包"等的记载，常常要提及产地、数量、质量，好像我们今天的产品介绍一样；同时，古埃及人特别注重把现世的功绩流传百世，因此其文字中很早就有对人名、地名的记载。

古埃及象形文字最突出的特点是其实用性。这种文字不仅省略了烦琐的词尾或用以断词的读音，而且也常常省略动词，其每句话都有对所描绘的事件的图像表达，即使没有动词，也不影响对整句话的理解。而且，象形文字在书写上没有任何固定的模式限制，书写的方向、句子的长短、布局的排列，一切都没有定式，其目的是充分利用空间，在许多情况下，象形文字（特别是圣书体）是与图画并用，起到点缀和解释的作用，同时也迎合了建筑特征的要求。

当然，这并非说象形文字的书写没有任何规律。从整体结构上，多以画面上人物面对的方向来决定书写方向，即人物面朝的方向是书写方向，如果人物面对面站立（如表现国王向神献祭时),则双方所说的话分别向各自面对的方向书写;如果没有人物,则以中轴线为中心自内向外书写:在右边自左向右,在左边自右向左。因此画面与铭文构成一体,充分体现古埃及人对均衡和结构的稳定性的重视。此外,在不同的历史时期,书写也有不同的习惯。比如,在古王国时期,用文字作为建筑物的点缀还远不如后来普遍,因为当时神庙的修建远不如王陵规模浩大。直至第五王朝的最后一个国王在位时,文字才出现在王陵中。因此这个时期的文字普遍是自右向左书写。

↑古埃及象形文字

尽管早期铭文的表现形式还很有限,但已有了表音符号、表意符号和限定符号的区分:表意符号指对具体物体的直接描绘,表音符号表示单词的读音,而限定符号则本身不发音,在词尾表示单词的种类和性质,类似汉字的偏旁。

文字与古埃及人的来生观密切相关。他们相信死者和他的名字会在另一个世界生存,这个名字既关系着一个人现世生活的一切,又关系着他第二次生命的延续,因而是至关重要的。在早王朝时期,古埃及人就有了在墓前竖立石碑的习俗,最早的时候石碑上只刻死者的名字和头衔。人们选用石头做墓碑,就是因为石头是坚固耐久的材料,能寄托他们留名百世的愿望。在死神奥西里斯的崇拜兴起之前,人们认为追随国王就能得到永生,因此把自己的墓碑立在国王和王室成员的墓前是最大的心愿。古埃及的象形文字有圣书体(正规体)、僧侣体(草书体)、世俗体(比草书体更为潦草的字体)之分,其中圣书体的产生就是迎合了人们喜欢在石建筑上或牢固的泥砖墙上书写纪念性文字的需要,而僧侣体和世俗体象形文字则用来书写宗教文献和日常事务文书,较为快捷方便,主要写在纸草上或陶器上。

从形体上讲,圣书体、僧侣体、世俗体三者之间的关系,类似汉字的楷书、行书、草书。在其发展的最后阶段又出现科普特语。这几种形式虽然是按先后顺序出现的,但并不是一种后者代替前者的关系。也就是说,

古文明浅读 永恒的北非文明——古埃及文明

新字体出现后，旧的字体仍继续使用，只不过使用范围有所局限。尤其是希腊罗马时期，几种文字形式同时并存，各有分工。

圣书体是最早的象形文字形式，书写正规，图画性强。它的使用时间是公元前3000年到公元4世纪。"圣书"一词来源于希腊语"神圣的雕刻"，反映了希腊人对象形文字的最初印象，即这种文字普遍出现在神庙和各种纪念性建筑上，而且只有少数祭司通晓；古埃及人自己也称之为"神的文字"。

在早期，圣书体文字用于书写各种文献，出现在各种书写材料上，如纸莎草纸、石碑、陶片等。随着新的文字形式的出现，它的使用范围才逐渐局限于神庙和纪念物上，成为装饰性很强的一种字体，刻画精致，并涂上亮丽的色彩，书写方向也非常自由，而且根据画面的空隙安排行文、用词的繁简。相比之下，写在纸莎草纸上的圣书体文字相对简单粗犷一些。

圣书体文字有固定的缩写词组，有一些拼合文字，为达到美观、匀称或表示对神与国王的尊敬，词语位置有时会发生变化，如"国王"、"神"等词通常都在短语词组的最前边。

僧侣体是象形文字的草书阶段，最早出现于第5王朝，一直使用到新王国末期。"僧侣体"一词由希腊语"僧侣的"一词演变而来，由于希腊、罗马时期这种字体通常用来书写宗教文献，所以希腊人有此称呼。

↑镌刻的古埃及文字

僧侣体经历了由繁到简、使用范围逐渐限定的过程。它的出现，是为了适应书写量增加的要求，最初应用于各种世俗文献，使用各种书写材料，与圣书体的区别不太大；到中王国时期，与圣书体的差别更为明显；新王国时期，较为正规的僧侣体用来写文学作品，更草的用于写商业文书；第21王朝以后，僧侣体才开始用来在纸草上写宗教文献，这种情况一直持续到它停止使用。

僧侣体书写风格形成后，书写方向基本固定从右向左，并使用连写形式，为后来更为潦草的世俗体的产生准备了必要的条件。

世俗体是比僧侣体更为潦草的字体，产生于公元前 700 年，持续使用到公元 4 世纪。"世俗体"一词来源于希腊语"平民"、"民间"。它是从新王国后期书写商业文书的草体僧侣体演变而来的。因其连写形式的简单方便，在希腊罗马时期，世俗体在民间广泛使用，契约、书信等文字都采用这种字体，许多官方文献如政府公文、国王诏书等也使用它，以晓谕古埃及当地人。著名的罗塞达石碑就是以圣书体、世俗体和希腊文刻写的。

世俗体主要写在纸莎草纸上，在其他书写材料上出现较少。

在世俗体阶段，书写固定自右往左，字形更为简化，而且表音符号占多数，为字母文字的产生做好了准备。

科普特语是古埃及文字发展的最后阶段，也是唯一的一种字母形式，它出现于公元 3 世纪，到 7 世纪以后，逐渐被阿拉伯语代替，此后成为少数信仰基督教的埃及人在教堂中使用的语言。"科普特"一词源于希腊语中的"Aegyptus"，意思是"埃及人"，后来去掉词头词尾，成为现代语言中的"Copt"，意为"埃及人的语言"。

科普特语是希腊人统治时期的产物。在托勒密王朝时期，希腊语成为官方语言，埃及人想跻身社会上层，首先必须学会希腊语。在这种情况下，古老的埃及语逐渐发生了变化，以 24 个希腊字母为主要组成部分、以 7 个世俗体文字为补充的科普特语产生了。这是古埃及语言史上第一次出现字母文字，也是唯一一个写出元音的文字，其中包含了许多希腊外来语。

由于元音的存在，科普特语在破译象形文字的过程中起到了很大的作用，科普特语文献也是人们了解古埃及的重要史料。

古埃及文字的最大独特之处，是"象形文字"形式的长期沿用。其他文字的最初阶段也曾采用这种形式，但随后便为抽象的符号或字母所代替，而古埃及文字从产生到最后消亡一直保持最初的形态。这并非偶然的现象，而是古埃及人特殊思维方式的体现。古埃及的书写系统，神的象征，及 cnh、djed、udjat 等既出现在文字中，又出现在有更深层含义的护身符中，都有助于我们认识古埃及人的图画表达的潜在意义。

古埃及的文字除了传递信息外，还具有艺术作品的作用。如上所述，圣书体象形文字通常是出现在神庙墙壁、纪念物上，与壁画共同构成一个整体。文字不仅解释和说明这些画面，同时也补充了画面所表达的含义，成为有着象征意义的符号。再加上古埃及文字的符号大多取材于本土的动植物，因此与绘画有异曲同工之妙。古

古文明浅读 —— 永恒的北非文明 —— 古埃及文明

埃及人是把象形文字的画面作为描绘和建构客观世界的一种尝试，他们赋予这些图画以超越词汇表达能力的含义。

↑浮雕式的古埃及文字

在古埃及文字和绘画共同的表述方式中，有许多特定的程式，只有通过解读，才能理解其潜在的意义。例如，在新王国时期的神庙中，塔门内外的墙上到处是法老高举权杖打击敌人的形象，这些画面的目的是把罪恶的灵魂从神庙周围驱逐出去。正如太阳的运行象征上下埃及的统一一样，此类画面形象表现的是程式化的主题而不是特定的事件，其内涵远比画面上的深远，它们揭示的是古埃及人认识到的客观世界的普遍规律。

阿玛尔纳时期（约公元前1400年后）以后，这种概括化的象征形式逐渐让位于多少具有现实性的具体战争的描绘，但这种具体描绘只不过是另一种的程式，如拉美西斯二世在卡纳克神庙中反复描绘的卡迭什之战，突出自己作为战役胜利者的形象，这次战役连同相关的铭文在阿拜多斯、阿布辛拜勒、卢克索及底比斯的神庙中先后出现了10次，在纸莎草纸文献中也有记叙。实际的情况是，卡迭什之战，埃及和赫梯双方都不能算是胜利者，由于情报有误，埃及军队陷入包围，在援军及时赶到的情况下，才得以全身而退。这一类的伪造和夸张在神庙浮雕中比比皆是。

此外，古埃及象形文字的形符还含有魔力的概念。一些吉祥的字符如"生命"、"永恒"、"健康"等，以及能保佑人们、给人们带来福祉的神的名字或他们身体的一部分，都成为人们的护身符。最常见的有"拉神"的名字、"荷鲁斯之眼"等。古埃及人深信，一个人的名字一旦用文字表达出来，就成为这个人的组成部分，甚至能代表人本身。毁掉这个名字，就是直接加害于这个人。所以他们最忌讳将雕刻或书写的名字凿去或擦去。同理，为防范那些有危险的人和动物，他们故意将其画得残缺不全，或在其要害部位插上刀子。这种情形在墓室中最为常见。

古埃及文字的特殊形式，加深了它的封闭程度，使之为祭司阶层所垄断，成为"神的文字"。这种垄断一方面维持了象形文字形式在法老统治时期的长期存在，另一方面也直接导致了它在埃及失去民族独立后的彻底消亡。在后期埃及，象形文字的封闭性更为严重。当时，外族统治者为安抚人心，对埃及祭司阶层采取拉拢政策，因此有大量神庙是在这个时期修建的。虽然尚有一席安身之地，但传统文化的政治依附——法老政权已成为过去，本土文化的式微是不可阻挡的大趋势。在这种形势下，祭司们为了保守古老的神圣知识和残存的民族自尊心，也是为了维护自己的社会地位，他们在原有的象形文字符号的基础上大量扩充了同音异符和同符异音符号，并发展出更为艰深的密码符号系统，使象形文字更为复杂，只有长期沉迷其中的祭司才能读懂。这样，他们出于维护传统文化，使"神圣文字"不流入外族人之中的初衷，却使它更加与世隔绝，最终导致了它的消亡。

古埃及文字在上述几种功能之外，还具备了一种作为传统文化标志的作用，体现了古埃及社会中王权与神权紧密结合的特点。虽然文字的产生是为适应社会发展的需求，但官僚与祭司两个阶层实为一体的社会结构，使得当时的文字仅为少数人所掌握，从而造成祭司阶层垄断文字和知识的局面。

古埃及人认为自己的文字是"神的文字"，人们要解读这些神秘图像的真正含义，就需要从他们神话式的思维方式入手。

拓展阅读

象形文字

象形文字来自于图画文字，是一种最原始的造字方法，图画性质减弱，象征性质增强。因为有些实体事物和抽象事物是画不出来的，象形文字的局限性很大。埃及的象形文字、苏美尔文、古印度文以及中国的甲骨文，都是独立地从原始社会最简单的图画和花纹产生出来的。约五千年前，古埃及人发明了象形文字。中国纳西族所采用的东巴文和水族的水书，是现存世上唯一仍在使用的象形文字系统。

古埃及的文学

古埃及的文学呈现自下而上的发展趋势，最早的文学作品与王室无缘，而是古王国时期官员的墓志铭，中王国以后才逐渐有了王室文学。根据埃及人的传说，为第三王朝国王乔塞尔设计梯形金字塔的伊姆霍太普最早创作格言箴语，他是埃及人心目中的圣贤，后来被奉为医药之神。但至今人们尚未发现这些传说中的作品。现已发现的年代最早的文学作品是古王国时期官员的自传体墓碑或墓室铭文，正如埃及学家阿斯曼所说："坟墓是埃及文学的学前期。"

刻在墓碑或墓室中的官员自传是古王国时期文献的主要形式。最初非常简短，只记载官员的姓名、官衔和简单生平，比较刻板；后来内容逐渐增多，开始记叙死者生前的业绩和美德，虽然篇幅不长，却不乏溢美之词。这个时期的主要作品有：《哈尔胡夫自传》《乌尼自传》等。

这里我们以《哈尔胡夫自传》为例来分析当时的文学特色。哈尔胡夫是古王国时期的一位高官，他是法老麦尔尼尔和培比二世的宠臣。哈尔胡夫曾官至上埃及首长（总督）。在任期间，他曾四次率军远征努比亚，其自传中关于这些远征的记载是研究当时埃及与努比亚关系的重要的材料之一。

《哈尔胡夫自传》提供了古埃及传记文学的标准模式，即首先是祈祷词，祈祷的内容包括祈求供品、厚葬等，然后是政治生涯及"功劳簿"。从作者祈祷的内容可以看出这类作品创作目的的一些端倪。

哈尔胡夫这样写道：

"我从我的城市来到这里，我来自我的州；我修建了一所房屋，装好了房门；我挖掘了一个水塘，种植了无花果树。国王赞扬我，父亲为我立了遗嘱。……父亲宠爱我，母亲称赞我，所有的兄弟都宠爱我。我给饥饿者以面包，给赤裸者以衣服，我把失船遇难者救上陆地。生活在世上的人们，你们路过这座坟墓时，无论是南来者还是北往者，你们将会说：'献给该墓的主人一千个面包和一千瓶酒。'"

从这段叙述中不难看出，哈尔胡夫按当时社会的伦理规范衡量，把自己描绘成一个臻于完美之人。他之所以这样做，只不过是为了死后得到回报，即希望过路的行人念及他的恩德，向他的坟墓敬献食物和美酒，以供他在冥府享用。

↑古埃及文学

古埃及人刻写自传的目的是为死者的来世服务。他们笃信来世，并且以乐观和功利的态度对待死后的生活。这不仅表现在制作木乃伊、期望肉体永存的做法上，而且也表现在他们对身后的"永久居所"的积极准备上。除了在陵墓里放置随葬品之外，古埃及人更相信壁画和文字的魔力。因此他们在墓室墙壁上充分地展现理想生活的画面，认为这一切在来世中能成为现实。

这种对来世的态度决定了早期自传的内容和程式。在第五王朝以前，古埃及人的来世观是以国王为中心的，只有国王及其周围的人死后才能进入永恒世界，他们的灵魂升上天空，与不朽的神灵结合在一起；臣民获得来世必须依靠对神王的追随。因此臣民认为将自己的坟墓选在王陵附近是最大的幸事。如果不能如愿，把自己的墓碑立在王陵所在地也是一件幸事。在这样的心态下，自传中效忠王室是最高的行为标准。为国王效忠和国王的奖赏是最主要的话题，是每个臣民一生业绩的辉煌之处。许多自传中都有跟随国王南征北战的详细记载，完成国王委托的行政事务的条条目目，以及对国王褒奖的夸张描述。

此外，后来的自传中反复出现的大量"颂德"的套语在古王国时也已开始形成，比如："我给饥饿者面包，给裸露者衣服；我渡无船者过河，我埋葬那没有子嗣的亡人。"这表明除了遵守社会等级秩序之外，一般社会的一些基本道德标准在这个时期已经形成，如自制、谦虚、仁慈、慷慨、诚实、公正等。

古王国时期另一种重要的文学体

裁——教谕也产生、成长于民间。它以父亲对儿子训诫的方式阐述做人准则和处事方法，它与自传体作品最能反映古埃及社会理想的伦理观念。总而言之，古埃及人的思想很实际，教谕的内容大多涉及实际生活中的各种问题，很少提到抽象的道德伦理准则。这些实际的处事之道与各种行为规范，在后来的教谕中基本保持不变。

与后期的教谕文学相比，古王国时期的教谕文学有两个重要特征，一是贵族性，即以古代圣贤训诫后代的形式出现；二是以乐观和进取为理想的人格。

文学进入王室是在第一中间期之后。第一中间期的分裂和中王国的重新统一，使埃及社会经历了从混乱到有序的过程，这一过程对文学领域产生了重要的影响。首先是源于民间的文学体裁开始为王室所用——在埃及历史上，法老们第一次开始以叙述体形式记载自己的文治武功；教谕文学也以遗嘱的形式出现于王室作品中，这就是著名的《对马里卡拉王的教谕》。其次是民间文学中的个性化倾向也在王室文学中有所流露。在《阿门涅姆赫特一世对他的儿子塞索斯特里斯一世的教谕》中，我们听到一个即将过世国王满怀沧桑的感慨："我救济乞丐，抚育孤儿，我使贫穷者和富有者都获得成功；然而我所抚养的人起来反对我，我所信赖的人利用我的信任来谋反。那些穿着我给的华美衣服的人却心存非分，用着我赐予的没药的人竟暗怀不尊。"这位被谋杀的国王告诫他的儿子："小心那些身份低下的臣子，他们的阴谋不为人知。不要信任一个兄弟，不要认识一个朋友，不要结交知己，因为那是没用的。当你躺下时，要自己多加小心，因为人在危险的日子里是没有跟随者的。"

此外，中王国时期还出现了大批的御用文学作品。第一中间期王权的崩溃和社会的分裂使人们对传统的社会秩序产生深刻的怀疑。在这种情况下，出身地方的新统治者为稳定社会，并满足自己正名的需要，鼓励一些维护统治秩序的御用文学的创作，其中一种是所谓的"社会现象文学"，最典型的代表是《伊浦味箴言》和《聂菲尔胡预言》。其基本模式是相同的：一个古代圣贤以预言的形式描绘社会出现混乱时的局面，最终贤明的国王出现，秩序得到恢复："秩序将回到她的王位上去，而罪恶将被驱除。"在这类作品中，与秩序相对立的混乱得到具体而夸张的描绘，混乱的标志是一切社会关系的颠倒，如国王和臣民，主人和奴仆，富人和穷人，等等。作品中没有任何具体历史事件的描述，而是充斥着这类陈词滥调，其最终目的是证明神圣王权对社会秩序的必不可少。另一种叫作"效忠者教谕",最初出现在官员伊姆霍太普的碑铭中,随后风靡各地,成为时髦文学。主要内容是如何更好地效忠国王以及因此而获得的好处。因此这个时期埃及人的社会秩序观有了更加世俗的内容和表达方式。这类作品的政治宣传作用大大降低了它们的史料价值。对这种文学模式的了解有助于我们正确地使用文献资料。

中王国是埃及文学的古典时期。除上述几种体裁外,还出现了故事、诗歌等多种文学形式,语言文字结构也更为系统、完善,形成了古埃及文字的古典文体——"中埃及语",现代人学习古埃及文字,首先要从中埃及语入手。

更为可贵的是,中王国时期的文学作品反映出人们思想领域中两种截然对立的思潮:一是个人主义倾向的发展及由此滋生的对传统道德观的怀疑和否定;一是以更高、更完美的道德标准来维持社会秩序。这两种思潮的出现标志着古埃及人自我意识的觉醒。

新王国时期的埃及进入了近东国际化的世界,文学也呈现更为繁荣的局面。在这个时期的王室文学中,军事化的倾向占据了主流,新的程式、新的套语大量出现,并且对埃及文学的发展产生重大的影响。

在民间文学中,最引人注目的是"情诗"这一体裁的出现。对现代人而言,这些情诗中大量使用的文字游戏、比喻和冷僻的词汇,比较难以理解。但这些情诗内容的独特、笔法的大胆,充分展现出古埃及人丰富的想象力和对爱情的执着追求。比如,"在你臂膀中的一天,胜过世上千万日";"当我看见我爱走来,我心欢喜,我张开双臂拥抱她,我心怦然而舞,好似池中的金鱼。啊!愿今晚永远属于我,因为我的女主人来了"。

在新王国时期的自传和教谕作品中,传统的道德内容出现了微妙的变化。首先是这个时期作为"社会道德准则"的教谕文学作品由贵族阶层扩散到社会中层,增添了更多实际、朴素的处世经验;同时一改以往教谕中父亲谆谆教诲、儿子洗耳恭听的模式,出现训诫者与被教者(即父亲和儿子)之间争论的例子,儿子对父亲的教诲表示不能理解也难以遵守,也就是说,教谕未必真的能教谕他人,其思想观点会受到怀疑并引发争论;而教谕者也不再是无所不能的。如《安尼的教谕》中,安尼之子对安尼说:"每个人都受其本性的驱使……不要讲太多的道德说教,否则人们会提出质疑。""不要利用你的权威迫使我接受你的思想;你所说的一切都很好,但那需要具备美德才能做到。"除个性化和自我意识增强外，这个时期的文学作品更多地表现人内在的满足和反省，理想人格是自制、安详、安贫、谦卑。

总而言之，古埃及的文学产生于民间，随着地方贵族跃居王位而进入王室，在中王国时期出现"古典时代"；随着新王国时期王国的强盛，文学的形式变得丰富多彩。不过，在其发展过程中，古埃及人笃信来世的宗教思想、国家从统一到分裂的变迁、王权至上的观念等都在文学创作中留下了深刻的印记，从而形成了一系列的模式化的表达方式，这些对文学的发展产生了一定的限制。

拓展阅读

《伊浦味箴言》

《伊浦味箴言》（亦称《伊浦味陈辞》）又名《莱顿纸草》，因藏于荷兰莱顿博物馆而得名。发现于古埃及孟斐斯附近的萨卡拉墓地。本文首尾已损毁，中间亦多阙文。作者伊浦味描述了中王国末期（约公元前18世纪中叶）一次贫民和奴隶大起义的情景，还提到起义者打开档案库，取走公文书的情节。

神话与现实混杂的历史观

古埃及人留下了丰富的历史文献，从早期的年鉴，到后来的王表，还有大量刻在神庙上的表功文字，等等。审视这些文献，我们就会发现两个问题：一是这些记载偏重于以王室为中心的社会上层，对大多数人的生活极少提及；二是所谓的历史记载与事实有很大的出入。这两点在其他古代地区的文献中也有存在，但在古埃及的历史文献中似乎更为突出。

当然，这并不是说古埃及人在故意歪曲历史，其实这是由于他们选择、记载历史事件的目的和背后的历史观念与今人有着很大的差异。在他们笔下，历史是一个个我们看来陌生难解的模式，历史事件被仪式化了。那么，操纵这些仪式的"咒语"是什么？怎样解读它们？

两个因素决定了古埃及人历史观念的独特性，一是以玛特女神为中心的自然和社会秩序观，二是循环的而不是线性的时间观念。这两个因素的形成与古埃及特殊的地理环境和历史发展进程有关。古埃及人有着相对优越的生存环境，物质文明很早就达到了较高的水平；政局也相对稳定。在这种背景下，古埃及人认为自然和社会的这种和谐的秩序是神定的，也是完美的，应极力加以维护。即使社会有了短暂的混乱，也会迅速地恢复有序。历史的规律是秩序——混乱——秩序的循环；时间也是循环的，正如墓室壁画中表现的那样，是一条咬住自己尾巴的蛇。

古埃及人在史初就开始编写年鉴。最早的时候不是逐年编史，而是按照重大的事件编史，比如，"击败亚洲人之年"、"众神之星荷鲁斯之年"、"河马之年"，这些年代的名称通常都被刻在容器的内壁。后来，政府开始定期清查全国的财产以确定赋税的数额，因此逐渐开始以财产清查作为纪年的方式，比如，"第X次牲畜大清查"、"第X次黄金大清查"等。

古王国之后，古埃及才普遍使用按国王在位的年代来纪年的方式，如"某王第X年"等。使用这种方法，王朝的更替意味着纪年的重新开始，因此纪年是循环的，而不是延续的，每个国王即位都标志着新纪年的开始。然而，即使如此，国王们仍重复叙述以前发生的事，就像他们相信今生的生活在来世可以重复一样。这从另一个侧面证明了古埃及人并不按直线的时间观念思维。

循环的时间观在文献内容上表现为王权秩序的延续性。每个法老的统治都被模式化，法老的个性和历史的具体事件被各种模式所掩盖。

由于这种历史观的影响，古埃及的历史文献中充溢着雷同的事件。著名的纳尔迈调色板和各种纪念物上表现的主要人物虽不同，但基本角色是一致的：即世界秩序的维护者，他是永远不可战胜的；他的臣民忠实地追随其后，时刻准备接受差遣，而敌人则匍匐在地，乞求他的宽恕。

由于恪守这种理想法陈旧的模式，所记载的史实就不免有夸张和伪造之词。在新王国时期，法老们开始以军事英雄的形象出现，他们的个人才能

↑众神之星荷鲁斯壁画

和战功都被戏剧化地夸张。这种模式甚至成为一种时尚。

新王国以后，伪造史实的文献更是大量出现。比如，女王哈特舍普苏特在斯庇欧斯·阿提米多斯铭文中叙述了她驱逐希克索斯人的经过，而她统治的时代距希克索斯人被逐已有半个世纪之久；拉美西斯家族各国王刻在神庙上的战绩看起来非常相似，因为父辈的武功可以直接抄在下一代的记功碑上。拉美西斯二世在位时，埃及与赫梯之间长期争霸的最后一次战役——卡迭什之战爆发，其真实情况是由于情报有误，埃及军队陷入包围，仓皇败北，幸有援军及时赶到，才免于全军覆没。但在埃及各大神庙中，拉美西斯二世却大肆描绘自己如何大显神威，击退敌军，扭转战局。

又如对古埃及传统的王室仪式——赛德节的记载。这是从早王朝

一直持续到托勒密时期的一个重要仪式，在每个国王在位30年后举行，目的是为王权注入生命的活力。古埃及人相信通过这个仪式国王会永葆青春。许多国王在各种建筑物上留下了关于庆祝赛德节的记载，而实际上只有极个别的国王统治时间超过了30年，这些国王才能庆祝赛德。因此对大多数国王来说，关于赛德节的记载都只是一种理想的寄托。

古埃及人对历史的夸张和伪造更多的是出于他们特殊的宇宙观和宗教信仰，因此有些学者称古埃及人是"虔诚的伪造者"。在古埃及人眼里，过去、现在和未来都是一样的，也只有在这个意义上，过去才有价值。因此，古埃及的历史记载和艺术作品向我们展现的是一个神圣的、仪式化的世界，而不是真实历史的写照。在古埃及的文献中，历史就像许多人共同参与的宗教戏剧，历史事件是人们日常生活中宗教活动的强化，人物有固定的角色，事件也像宗教仪式那样有着固定的作用。

在这些宗教戏剧中，主角是法老和他的敌人。在古埃及人的信仰中，法老是神在人间的代理，为神行使在人间的职责，维护神创造的秩序。法老具有神性而不是神，其神性通过"拉神之子"这个王衔和神与人结合的神话体现出来，哈特舍普苏特女王享殿中的壁画就具体地阐明了这个神话的过程：太阳神阿蒙来到王后的宫中，与之媾合，女王诞生。古埃及人认为法老代表的是创世之神——太阳神，正如太阳升起就能驱逐黑暗一样，法老的出现能使所有破坏秩序的敌人溃败。当他驾驶战车驰骋疆场时，他身上的光芒如离弦之箭射向他的敌人，从不迷失方向。这就是古埃及人记载的历史的主旋律。

不仅如此，古埃及的历史叙述还具有宗教功能。从最早的年鉴开始，大规模的宗教节日和国王的庆祝活动都被当作重大的历史事件记载下来；在神庙的壁画、

↑反映拉美西斯二世大战卡迭什的壁画

浮雕中，祭祀的场面常常与关于战争和狩猎的描绘同时出现。在神庙塔门上，法老把敌人踩在脚下，使他们远离神庙圣地；在神庙内的墙壁上，动物祭祀的画面象征着对神的敌对势力的镇压，而国王狩猎的情景则是作为战争场景的附属部分。总之，祭祀和史实、伪造的史实都混淆在一起。在古埃及人眼里，对真实历史事件的描绘和一个泛泛的象征性形象没有什么区别，它们都起到同一种作用，即驱逐一切可能危及圣地的邪恶势力。古埃及人相信，经过神圣的仪式之后，墓室、神庙中的文字和图画就具备了永久性和魔力，能永远地护佑法老及其子民，维护神创的秩序。

古埃及人的这种历史观反过来又影响着他们的历史行为。首先，为了追求完美的法老形象，国王们往往以创世者自诩，通过大规模兴建建筑物、纪念物来证实自己的身份。因此许多国王在即位之初就开始大兴土木。比如，拉美西斯二世统治埃及66年，他在位的第一年就完成了一批主要建筑物的筹建：阿拜多斯、阿布辛拜勒、拉美西斯鲁姆等地的神庙，卢克索神庙的塔门等。此外，他还完成了卡纳克神庙的立柱大厅，并开始动工建造国王谷的王陵。这种现象只能以古埃及人特有的观念来解释。正因为有法老的种种理想模式，才促使国王们不管在位时间长短，都争相在各地留下大批的建筑和纪念物。这些建筑物都以镀金装饰，壁画上也有夺目的色彩，在晴空下闪耀着太阳般的光泽。这种辉煌神秘的气氛正是法老们刻意营造出来的。他们自以为创造了一个完美的人间天堂，自己就是这个世界的太阳。

其次，国王们在各地大力兴建建筑、纪念物的行为，也是为了证明他们有能力重复创世主在原初之时所进行的创造活动。对古埃及人来说，创世不是一次性的行为，它需要不断地重复和更新。每个新的王朝都标志着世界一次新的开始，在此之前则是黑暗、混乱的时期，因为那时原来的国王刚去世，国家处于无政府状态，直到新国王即位才会恢复原有的秩序。古埃及人的这种认识常常与历史现实无关。因为在古埃及历史上，各朝代之间很少出现真正的分裂和混乱；即使出现这种局面，人们也相信新的王朝迟早会出现，会带来繁荣和秩序。作为创世主的代理，国王的职责是把无序变为有序，把混乱变成以他为中心的和谐。国王为强调他的这种创造能力，他在和平年代也不断地进行建筑活动，使人们重新感受到创世时的活力。

虽然古埃及人相信并套用秩序—混乱—秩序这种循环的历史模式，但他们也认识到了循环的具体环节是不同的，循环并不意味着重复。尽管处于萌芽状态，这却是一种真正的历史意识的觉醒。这首先体现为对个体的历史人物的认识。在早王朝时期，古埃及人就在纪念物上表现国王的名字，最著名的例子是纳尔迈调色板和蝎王权标。两个国王的名字写在王宫围墙形状的"王名圈"中，上面是鹰神荷鲁斯的形象。由于古埃及人的绘画传统是不讲透视原则的，所以荷鲁斯实际是在王宫内。王名的出现，使这两个纪念物从神话般的概况性描述摆脱出来，有了具体的历史信息，纳尔迈和蝎王也成了具体的历史人物。

古埃及人还认识到历史人物只能存在一次。他们在文献中明确地表述道："一个国王在所有的永恒中不会重现。"在新王国时期的王室铭文中，国王为炫耀自己的功绩，更喜欢强调自己做了前人没有做过的事，年鉴中从未有类似的记载，比如，"亘古以来从未发生过这类事"，"使全体臣民大吃一惊"，等等。这一方面是出于超越前人成就和延长生命的愿望，另一方面也表明了一种对历史人物个性的肯定。

此外，在众多烦琐、刻板的王室铭文中，也有偶尔的例外，表现出国王鲜明的个性。在第六王朝大臣哈胡夫自传中有一封年幼的培比二世写给哈胡夫的信，信中说道："你在这封信中说你从南方带回了一名侏儒……你告诉我说从来没有人从雅姆带回像他这样的人。你真知道如何做你的主人所喜欢和赞赏的事。你真是日夜计划做你的主上所爱、所赞赏、所命令的事。我将给你和你的子孙许多的荣耀……立即北上来到王宫，带着这名你从南方运回来的侏儒，安全、健康地前来，好（让他）跳'神之舞'来娱乐国王的心。当他随你乘船前来时，让可靠的人围在他的四周，以防他落入水中。当晚上睡觉时，让可靠的人躺在他帐篷中围绕着他，每晚检查10次。我想要见他，甚于见西奈和蓬特来的礼物。如你抵达王宫时，这名侏儒是安全、健康的，我将重重地赏赐你……"在这封信中，年幼的国王对大臣为他找来侏儒一事表现出的欣喜之情溢于言表，对侏儒的关切和喜爱也没有丝毫的掩饰。这里我们看到的不是神性的法老，而是一个洋溢着童心的孩子。

但是，这种表现法老个性的记载毕竟是极少数，古埃及人的历史意识也被以玛特为中心的秩序观所钳制。由于相信神定的秩序是最完美、和谐的，以法老为中心的金字塔状的社会结构不可更改，在官方文献中，我们看不到古埃及人对法老之外的个人的详细记载。无论是金字塔状王陵的设计者，还是基萨大金字塔的建筑师，都没有在王室文献中留下名字。民间

古文明浅读 永恒的北非文明——古埃及文明

文学所表现的群体，都以维护、遵守现有的社会秩序为个人价值的取向，为王室效忠尽职是最高的成就，法老所赐予的各种头衔是最大的荣耀。

此外，在尼罗河谷这样一个生存环境中，日月的无穷循环，自然界万物的荣枯，尼罗河的定期泛滥和消退，由地理环境相对封闭而形成的较为稳定的政局，加上以法老为中心的统治秩序的长期延续，使古埃及人相信历史的发展也如自然界一般是无限循环的，并设想出这种循环过程中所有事件的发展定式。这种历史观在整个法老时期一直持续着。正如国王图特卡蒙的"复兴石碑"中所说的，法老的终极目标是使"世界又恢复到它初创时的样子"。也就是说，人们现在和未来的不断努力就是为了达到远古之时、创世之初的那种和谐与完美。古埃及的历史文献所展现的就是这样一个过程，所强调的就是这样一个主旋律。

总之，从古埃及人的历史文献我们既可以看到古埃及文明的历史进程，也可以了解到这种背景下所形成的独特的对自然、社会、历史的认识。

↑玛特女神

拓展阅读

赛德节

古埃及社会，当一位法老继位满30年的时候，就要举行"赛德节"庆典。在这盛典的仪式上，法老要重新加冕，接受臣民的朝拜，沿着埃及的边界巡视，象征着他对埃及王国的绝对拥有。据说，早在古埃及第一王朝纳尔迈王统一上下埃及的时候就已经有了赛德节。这个节日对于研究古埃及历史的时间断代很有意义，古埃及历史学家就是按照差不多30年举行一次这样的庆典的传统来确定好多重要的历史事件的时间的。

风格独特的壁画、浮雕

古埃及法老和贵族十分重视保护自己的尸体，不惜代价建造陵墓。由于担心尸体腐烂不能复活，他们想到用石头雕刻自己的画像保存下来，因此就发展了古埃及的雕刻、绘画艺术。

浮雕和壁画是古埃及陵墓装饰中不可缺少的组成部分，这在古王国时期就已经奠定了基础。古埃及的浮雕和壁画在表现形式上有着程式化的共性，在许多情况下它们之间是没有严格区别的，不妨称之为浮雕壁画。其艺术手法一直延续下来，形成了埃及艺术独特奇异的风格。这种风格特征是：横带状的排列结构，用水平线来划分画面；画面构图在一条直线上安排人与物，人物依尊卑和远近不同来规定形象大小，井然有序，追求平面的排列效果；注重画面的叙述性，内容详尽，描绘精微；人物造型程式化，写实和变形装饰相结合；象形文字和图像并用，始终保持绘画的可读性和文字的绘画性这两大特点。

↑古埃及壁画

埃及人认为，把死者的生平描绘在墓壁上，生命就不致被切断。把生活的一切需要描绘在墓壁上，人在死后的供养就有了保证。

因此我们能在墓壁上看到法老和贵族自传式的绘画场面。比如，第5王朝的法老萨乌勒曾派遣大规模的商业船队去叙利亚，在他的享殿墙上就绘有这支装备齐全的船队开往亚洲的情形。在许多大臣的坟墓中，都清楚地描绘了他们视察自己的领地、监督农耕以及他们私有的大规模手工作坊的生产场景。

不仅如此，不少显贵和富豪都相信，他们生前拥有的大量财富，通过造型艺术的描绘，通过魔法式的经文和咒语，会转移到死后的世界中去。例如，第4王朝一个祭司长的坟墓里就画有他的大批牲畜。第6王朝的一个大臣在他的墓壁上描绘了大量的天鹅、鹅、鸭子和鸽子，并且在铭文中记载了这些牲畜的详细数目。

由于对来世的达观，埃及人预设的墓葬"生活"依旧是生气勃勃的。例如，在底比斯一个贵族的墓壁上，留有描绘他生前娱乐活动的画面，画中贵族驾着小舟，荡漾在芦苇深处，这是当时上流社会流行的渔猎活动。群鸟乱飞，游鱼互戏，画面十分热闹、活泼。壁画中最精彩的部分是顶端的水鸟、蝴蝶、猫和老鼠。这些装饰性的即兴图画虽然是传统手法的延伸，但表现得更为妙趣横生。在另一个底比斯贵族的墓壁上保存着一幅描写宴乐的图画，艺术家把身披薄纱的奏乐少女的体态刻画得轻盈婀娜、风姿绰约。

古埃及人审美思维的完整性在壁画浮雕上具体表现为严格遵守"正面律"和多点透视法则。古埃及人受原始宗教灵魂不死的观念制约和巫术法则的影响，相信灵魂的客观存在，认为一个人有相应的五个灵魂，联系着今生与来世、此岸与彼岸。为了死后能继续拥有生前的一切，他们运用写实的技法，全部无遗漏地在墓壁画上表现描绘对象的所有方面和全部特征，力求"绝对真实"。通过自然的观察、写生的训练，古埃及人掌握了多点透视法则，最终形成了具有古埃及特色的"正面律"法则。

面对古埃及的壁画、浮雕，我们也许会觉得浮雕形象的雕刻过于程式化而不自然，壁画样式发展基本也没有什么大的变化，只是遵循传统的表现方法和极为相似的题材、相同的姿态和类同的服饰。但是，经历了时间的考验，它们仍有着异样的肃穆、庄重的美。这里没有任何随意的、偶然的东西，每一个细节的处理与安排都服从同一种规则或程式秩序。"正面律"和"格层法"的运用正是古埃及人对事物的认识方式、对美术作品功能上的要求和对美的认识及把握方式等诸多因素综合作用的结果，从而形成了古埃及美术独特的风格。在这里，古埃及人的永恒观念以及建立在这种观念基础上的对美术的需求起了决定性的作用。古埃及壁画清晰的层次、平衡有序的构图就体现出了这种超越时空、永恒不变的稳定感。

实质才是决定性的。"古埃及人用壁画、浮雕描绘理想的现世生活，以期在来世延续、完善今生的幸福。因此他们把种种理想的因素糅合到一起，提炼出系统化的艺术表达模式。由于历史和地理的因素，古埃及的艺术风格在相对封闭的环境下长期延续，虽有变化，主流的方向基本持续，所以给人一种保守、缺乏生命力的感觉。我们应认识到这是古埃及独特的来世中心思想影响的结果，并不意味着古埃及艺术在技法或美学感觉上有任何落伍之处。

古埃及绘画艺术大多描绘场景，或表现现实生活，或表现神灵社会，在表现形式上，使用平直简练的线条刻画事物，几乎将形象简化为一种作为生命载体的符号；画面色彩朴素，在褐、白、黄、红的基调中稍加蓝、绿；在表现人物时，恪守固定的造型比例，在外劳作的男子肤色多为棕红色，操持内务的女子肤色则为淡黄或淡红色，人物面部极少表情，姿态端庄呆板，排列符合节奏。

古埃及艺术作品最突出的一个特点是"散视法"的运用，这与我们熟悉的透视法是对立的。这种方法有两个具体的手段。第一种手段是用比例处理人物形象，大人物在作品中占大的比例，小人物则占较小的比例。因此我们常常看到国王、墓主占据画面

↑古埃及浮雕

埃及学家艾弗森曾说："埃及的造型艺术首先并非为了美和欢娱，巫术

第五章 古埃及的科技和文学、艺术

的中心位置，形象高大威严，而仆从、妻妾或敌人则作为陪衬，以较小的形象出现。表现儿童时也只是缩小他们的形象比例，而不注重突出其他的特征。如果从局部观察坐在王后膝盖上的幼年王子，他的形象和面部表情与成人毫无二致。

散视法的第二个手段是"假想透明"。也就是说，在表现容器或房屋等有内含的事物时，把里面的东西全部画在上方。比如，画一个首饰盒时，把里面的各种首饰都画在盒子的顶上，给人以"琳琅满目"的具体、直观的感觉。画一个池塘时，把四面的树全部平铺地展开在画面上。通过这种形式达到一种"面面俱到"的效果。

散视法最突出的效果是"叠压"。在表现远处的或几排的人或物时，远近一致，同样大小，上下叠压在一起，给人一种眼花缭乱的感觉，使人难以判断画面的层次和真实的序列。但这也绝不是技术水平不高。在表现普通劳动者时，远近呼应，错落有致，没有"叠压"之感，这说明工匠是在固守着某种为上层服务的、规范化的准则。此外，古埃及人相信图画和文字的魔力，因此竭力避免透视法造成的人物形体不全，群像中尽量避免互相遮挡，以保证人体形象的完整，否则意味着他们在复活后躯体不全。

在古埃及的诸多造型要素中，以

↑古埃及到处可见的壁画

下几个较有代表性。一是人物造型的静止状态。不论是站立或是端坐，多表现人物的正面。站立的人通常左腿微微迈出，两臂直直地垂下（或持权杖），目光直视前方，面部表情肃穆凝重。表现人物的侧面形象，眼睛和眉毛是正面来画的，嘴却是侧面的角度；双肩和胸部是正面的，腋下到腰却又是侧面的，而双脚则是永远不分左右。这样做也是为了使画面具体，使观者可以清楚地看到人物的面部和胸部以及他们服饰的细节。此外，画面表现上层人物还有一些"法定"的姿势，比如，呈狮身匍匐于地的国王，盘腿而坐的书吏，手持权杖的贵族，等等。表现夫妻的典型姿态是妻子站在丈夫身边或稍后一些，身材低于丈夫，一手揽着丈夫的腰，一手搭在丈夫胳膊上，表情温柔娴静。

从具体的技法上讲，古埃及绘画有一整套的规则。比如，关于人体比例的规则是这样规定的，从上至下共分成18格，从头发到鼻子占1格，再到脖子占2格，等等，人体的每一部分占多少比例有详细的规定。在画面的构成上，用"格层法"安排群体人像，用"中轴线分列"、"面对面"、"回首交谈"等姿势把同时活动的人物联系起来，使画面成为一个整体。为强调动作的连续性，绘画采取在同一层面上表现不同时态的多种动作的方法。

然而，不遵守这些法规的作品也比比皆是。比如，表现小人物时，正统的王室风格衰落时，工匠的技法不够纯熟时。这倒为我们提供了关于古埃及日常生活的生动画面，因而更具研究价值，是古埃及的艺术宗旨不及之处。

由于艺术的宗教政治功能占了主导地位，古埃及没有著名的"艺术家"，只有各种水平的工匠，他们共同创作，循规蹈矩，墨守成规，成为缺乏个性的群体。当然，其中由经验丰富者承担总体设计、修改等工作。此外，工匠们在创作时也有独立的构思，根据不同的材料、不同的背景，他们要有所取舍和决断。因此我们在众多无个性的作品中，偶尔也会发现令人惊喜的神来之笔。

与宗教领域的状况一样，艺术形态中也自始至终存在一条与官方正统潮流相左的民间风格，这是古埃及艺术的活力之所在。古埃及传统的艺术规则在古王国时既已形成，被称作"孟斐斯风格"。第一中间期的分裂导致地方主义的盛行，中王国时期虽力图恢复、遵循传统，但仍难免受其侵扰。在该时期的王室雕像中首次出现了表现法老个性的作品，打破了过去那种完美、刻板、威严的模式。最典型的是塞索斯特里斯三世的头像，它表现的是一个年迈的、忧虑的君王，深陷的双眼、消瘦的面孔和嘴边两道深深的皱纹，使人看到一个成功的君主内心的沉重负担。新王国时期，由埃赫那顿宗教改革引发的艺术领域的革命更体现了这种个性化潮流对传统艺术的反动。这些被称作"阿玛尔纳风格"的作品倡导"写实主义"，一是从形式上突破传统模式，表现国王的丑陋、病态；二是从内容上大胆尝试，表现王室成员的具体生活和天伦之乐。这给沉闷的艺术领域带来了新鲜的空气。虽然埃赫那顿的改革最终宣告失败，但"阿玛尔纳风格"却为新王国艺术注入了新的活力，使它能在第19王朝时呈现新的繁荣，为世人留下大批杰出的作品，充分反映出精巧、优雅的传统风格与真实、充满情感和动态的阿玛尔纳风格的完美结合。

总之，从解读古埃及特有的艺术

模式入手，我们不再感到这些遥远年代的作品有许多突兀、怪异之处，相反却多了一层理解的欣赏。注意到这种主流风格背后的变化，我们认识到古埃及文明绝不是僵化的、没有活力的，它只是被其特殊的结构固定了发展方向，没能走出那个玛特统治下的永恒、和谐的世界。

拓展阅读

塞索斯特里斯三世

塞索斯特里斯三世（旧译为色苏斯特里），王位名卡考拉，他是古埃及第十二王朝的第五位国王，是中王国最著名的君主之一。在他统治期间，他四次远征努比亚地区，将王国的边境线一直推进到第二瀑布与第三瀑布之间的塞姆纳，并在那里建立了八座军事堡垒。第十二王朝虽然结束了第一中间期的分裂局面，但是地方世袭贵族仍然握有一定的特权，为了削弱地方贵族的特权，塞索斯特里斯三世进行了一系列的行政改革，将权力集中到了中央政府的手中。

古埃及的教育

在古埃及，绝大多数孩子，无论是男孩还是女孩，不管他们的社会地位如何，在一定的年龄都要接受一定的教育。母亲教养4岁以前的子女，父亲教育4岁以后的男儿。那时生活简陋，生产技术比较简单，教育和生活、生产结成一体。生产和文化发展以后，他们便在家中以父子传承的方式教授专业知识和技能。古埃及的僧侣、文士、建筑师、木乃伊师等，都靠这种办法来培养后代，从而使许多专业成为世代承袭的行业。这些家庭也教子女学习书写和计算，但不占重要地位。学校产生以后，家庭仍担负着教育子女的沉重任务。

根据文献记载，古埃及在古王国末期已有宫廷学校，它是法老教育王子、王孙和贵族子弟的场所。这些贵族青年在宫廷学习书写和计算，还到政府部门见习，接受专门业务锻炼，然后根据个人能力担任相应的官职。中王国时期，政务日益繁重，需要大批的官吏，宫廷学校难以满足要求，便由政府部门开设职官学校进行培养。据文献记载，政府的司马、司档机关曾设置训练司马、司档官员的学校，司库机关曾设有训练理财官员的学校。这些学校都是以吏为师和以法为教，招收贵族和官员的子弟，并兼负文化学习和业务训练双重任务。

古埃及教育的主要承担者是僧侣和文士，教育的目的也是培养僧侣和文士。当时的僧侣、祭司具有较高的文化修养，掌握天文学、水利学、工程学、医学等专门知识，其权威仅次于法老，职位是世袭的。古埃及寺庙具有鲜明的世俗性，它们既是宗教活动的场所，也是替法老办理天文、水利、建筑等专业事务的机构。在中王国时期，为培训宗教和专业的人员，寺庙设立很多学校。建于赫利奥波利斯城的太阳神庙和建于底比斯城的加那克大寺，都是高级僧侣集中、图书丰富的学府。这些学校除传习一般知识外，还传授天文学、数学、建筑学、医学等较为高深的科学技术。当时，不但有志于学的埃及青年争相前来就学，就连犹太的摩西和希腊的哲学家泰勒斯、柏拉图都曾到此游学。政府办的职官学校着重造就执行公务的官吏，寺庙学校则着重造就专业人才，两者侧重点不同。

古埃及设置最多的是文士学校。文士精通文字、擅长书写，可以担任官职管理具体事务，所以文士通常也称书吏，并受到尊重。因为文士不是世袭的，而充任职官的文士是地位高和待遇优的人员，所以众多奴隶主子弟和一般有志之士都企图"学为文士"。为了满足这种要求，许多文士便设校招生。这种私人开设的文士学校教授书写、计算和有关律令的知识，水平高的学校还传授数学、天文学、医学。由于学校的水平不同，学生修业年限也参差不齐。富贵子弟进入水平高而修业年限长的学校学习，家庭情况较差者则进入水平较低而修业年限短的学校学习。众多青年通过进文士学校而充当官吏，甚至少数妇女也到文士学校学习。文士学校起着缓和阶级矛盾的作用。"以僧为师"和"以吏为师"成为古埃及教育的特征。

古埃及非常重视道德品质的培养，

↑反映古埃及人受教育的画面

其目标可归纳为敬日神、忠国君、尊长官、孝父母。他们认为，日神是最崇高的神祇，敬日神可以邀福；国君是日神的儿子，是日神在人间的化身；长官替法老效命；双亲为一家之主。所以敬神、忠君、尊官、孝亲是互相相连的美德。古埃及要求准备为文士的青少年行为善良，举止端庄，克己自制，吃苦耐劳。

在古埃及学校的课程中，最重视书写能力的训练。埃及古代文字有宗教所用的象形字、政府机关所用的简体字、商业贸易使用的草体字等三种。因为文字多种多样，而且没有句读符号，学习十分困难。书写用的纸莎草纸是用尼罗河畔生产的植物纸莎草精制而成，价钱昂贵。学生通常先在陶片、贝壳、石板、木板上练习写字，经一段时间才在纸上书写。笔是用芦苇秆制的，称为苇笔。墨水有红黑两色，每句开始用红墨水书写，以后则用黑墨水书写。由于象形文字较难书写，书写作业又多，而且教师逐一修改订正，绝不马虎，以致学生通常是终日练习书写，晚上才学习阅读。书写的内容大多是伦理规范和宗教教义，有的是格言，有的是寓言故事，意在从练习书写中灌输道德戒律。书写还包括知识性的内容，如日月星辰和城名地名之类。到较高阶段，则练习撰写公文、函札、契约、记事等。有的学校为适应商业和外事需要，还教授练习巴比伦等外国文字。古埃及学生不是通过诵读而是通过书写学习知识的，这是很特别的。

计算也是学生学习的内容。主要是计算家财、测量土地、预算税收之类，浅显实用，但缺乏理论性。当时的风尚认为文士不懂计算是耻辱的事情。

另外，古埃及还重视培养学生的专业技能。当时的寺庙学校培养天文、水利、建筑、医学等方面的人才；政府机关的学校造就所需要的官吏。学校也开设体育课，比如，游泳、划船、摔跤、球赛、射箭等。古埃及的教育范围广阔，课程门类繁多，教材的内容丰富多彩。

古埃及学校在教育和教学上惯用的方法是灌输和惩戒。教学不重解释说明，而是安排大量的作业。学生的主要活动是埋头书写，反复进行机械性的练习。教师在教学时虽然也用问答方法，但流于形式，并不注重引导学生思考和讨论。由于难以理解的学习内容和忽视启发性的教学方法，儿童厌学的心理很普遍，体罚遂成为常用的手段。

古埃及的文化教育对世界文化教育的发展有较大贡献。然而古埃及教育受崇古传统的支配，因循守旧，不事创新；只注重实效，却不重视理论探索。

你知道吗

楔形文字

公元前1895年，阿摩利人灭掉苏美尔人的乌尔第三王朝，建立了以巴比伦城为首都的古巴比伦王国。我们现在常说的古巴比伦"楔形文字"，其实是苏美尔人的一大发明。苏美尔文字由图画文字最终演变成楔形文字，经历了几百年的时间，在公元前2500年左右才告完成。"楔形文字"这个名称是英国人取的，叫 cuneiform，是 cuneus（楔子）和 forma（形状）两个单词构成的复合词。这个名称表达了古代美索不达米亚文字最本质的外在特征。楔形文字同世界上其他民族的文字一样，经历了从符号到文字的发展过程。